다시 태어나기

시인 최규창

- 1953년 전남 나주 출생
- 1982년 『현대문학』지 시추천으로 등단
- 시집 『어둠이후』, 『행방불명』, 『영산강비가』, 『강물』, 『환상변주곡』, 『아이야 영산강 가자』, 『백두산의 눈물』, 『일어서는 길』
- 시론집 『한국기독교시인론』, 『사랑의 넓이와 깊이』, 『사랑의 시학』
- 노산문학상, 한국기독교문학상, 한국기독교문화대상, 『시선』작품상, 『창조문예』문학상 등 수상
- 현) 기독교신문사 근무, (사)한국기독교문인협회 명예이사장, 월간 『창조문예』 주간

창조 시인선 5   최규창 시집

다시 태어나기

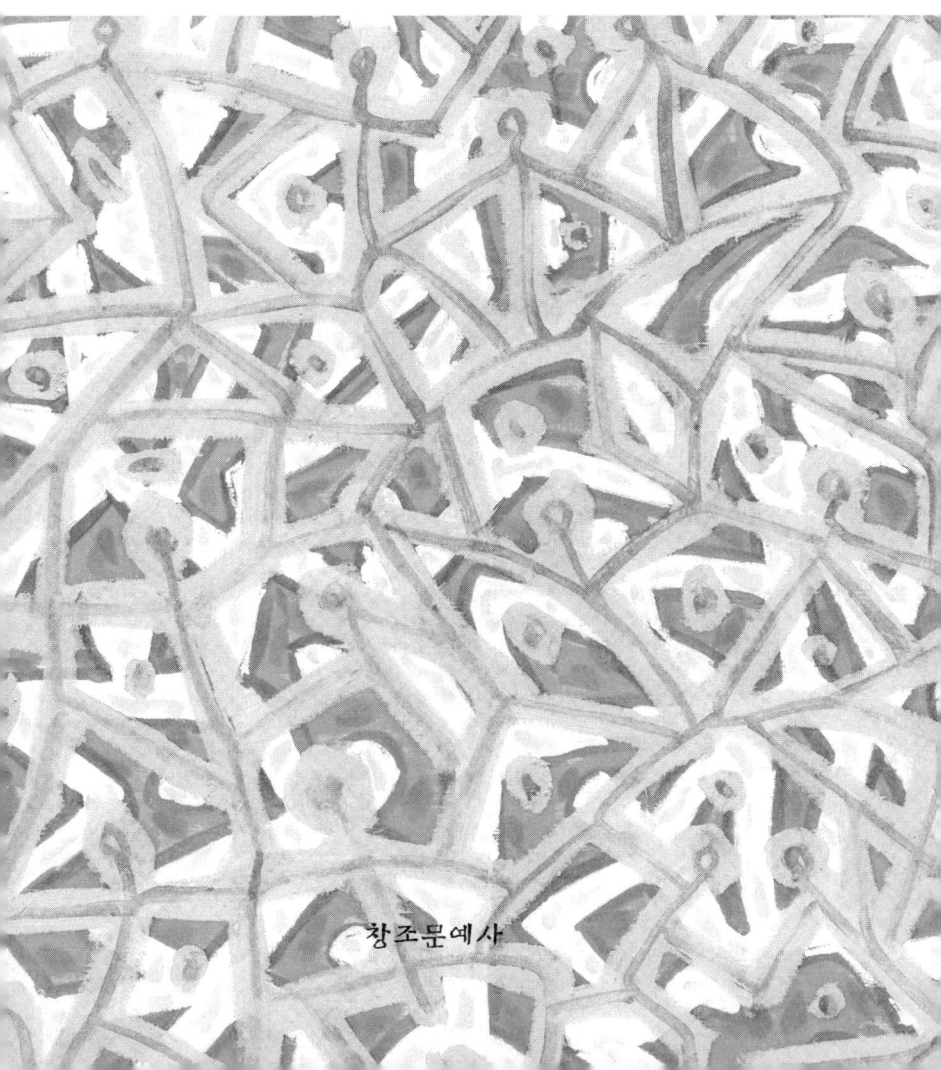

창조문예사

 **시인의 말**

오늘의 길 위에서

　기독교신앙은 오늘의 길 위에서 지금까지의 고단한 삶을 이끌어 주었다. 삶의 스승이고 지팡이며, 오늘까지 존재하도록 지켜준 파수꾼이다. 앞으로도 계속 신앙의 삶으로 저 강을 건너갈 것이다. 그 삶은 지금까지 추구해 왔던 문학을 그대로 지배하고 있다. 그렇기 때문에 기독교신앙을 주제로 시작詩作한 시들만을 한 군데에 모으고 싶었다. 그것은 지금까지 살아온 삶의 흔적이며 존재하도록 지켜준 신앙고백이지만, 무엇보다도 신앙에 대한 도리道理로 여겼다. 또한 이 땅의 누구나가 지니고 가야 할 빛의 길을 알리고 싶은 소명의식召命意識 때문이다. 그래서 이 시들은 누구나가 공감할 수 있도록 노력했음을 고백한다.
　1982년 『현대문학』지로 등단한 이후, 지금까지의 문학은 '일반시'와 '기독교시'로 구분할 수 있다. 기독교시는 시작詩作 과정 속에서 얻은 것이다. 기독교신앙의 생활화生活化 속에서 '신앙의 삶'이 육화肉化된 결과이다. 그러기 때문에 일반시들도 신앙의 삶이 육화된 정서 속에서 벗어나지 못하고 있다.
　이 시집은 첫 시집인 『어둠이후』(1986년, 영언문화사 펴냄)부터 『일어서는 길』(2023년, 창조문예사 펴냄)까지 수록된 기독교시를 모았다. 10여년 전부터 대부분의 시들은 소재와 주제가 신앙의 삶 속에서 용해되어 형상화되었다. 그래서 지난 해에 출판된 『일어서는 길』이란 시집의 경우에는 대부분 기독교시들이다.

  이 시집의 제5부에는 절기시와 행사시를 수록했다. 기독교신문에 45년 3개월이나 근무한 덕분에 교회나 기독교단체의 초청을 받아 낭송한 시중에서 일부만 수록한 것이다. 기독교적인 시각에서 시작詩作한 행사시로 교회당 헌당식과 취임식, 그리고 출판기념회나 조시 등이다. 주최자의 청탁과 의도된 상황 속에서의 시작詩作한 시들이지만, 그 상황 속에서의 은유와 상징으로 형상화하려고 노력했었다.

  어려운 출판환경 속에서 '기독교시'만을 모은「창조 시인선」을 기획하고, 이 시집을 출판해 주는 임만호 회장님께 감사를 드린다. 또한 시해설을 주신 임영천교수님께도 감사를 드린다. 그리고 이 시집의 시를 정리해 준 기독교신문 김진희 국장님과 창조문예 편집부 직원들에게 감사를 드린다.

2024년 7월 20일
최 규 창

 **차례**

시인의 말 • 4

제1부_ 기도와 말씀

15 　기도와 말씀
16 　이름지우기
18 　주主여 어디로 가시나이까
19 　빌딩아래 백화점百貨店
20 　눈오는 날의 거리
22 　겨울바다
23 　오늘밤 막달라 마리아는
24 　흩어져 사납더니
26 　새벽에
28 　예수의 얼굴
30 　이 밤에
31 　가을의 노래
32 　가출일기家出日記 · 1
33 　가출일기家出日記 · 2
34 　파 도

35 옷벗기·1
36 옷벗기·2
37 옷벗기·3
38 옷벗기·4
39 빛의 손
40 주일예배
41 신 앙
42 아버지의 회초리
44 돌아보기
45 씻어내기

제2부_ 예수와 꽃 한 송이

49 봄의 사과밭에서
50 서울의 황혼黃昏
52 언제부터지
54 꽃과 얼굴
56 쇼걸의 노래
58 새벽 종소리
60 오직 지키는 자이게 하소서
61 눈 물

62 오늘 아침도 – 말의 행방行方·1
64 태초의 노래 – 말의 행방行方·2
66 태어나기 – 말의 행방行方·6
68 형식주의形式主義 – 말의 행방行方·7
69 주님의 얼굴·1 – 백마강白馬江에서
70 주님의 얼굴·2 – 한강漢江에서
71 새벽기도길
72 예수의 눈빛
74 할렐루야 할렐루야
76 사랑의 순간
77 이 순간은
78 묵 상
80 아침바다
81 외 식
82 예수와 꽃 한 송이
84 진열창과 이브
86 동백꽃의 말씀

제3부_ 길 그리고 빛

89 길 위에서 – 길·1
91 새로운 길 – 길·2
93 사랑의 길 – 길·3
94 꽃 길 – 길·4

95	빛의 길 – 길·5
96	눈물 속에서 – 길·6
97	세상의 어둠 속에서 – 길·7
98	그대를 만나러 가네 – 길·8
99	길의 끝 – 길·9
100	고 백 – 길·10
101	홀로 가는 길 – 길·11
103	꽃의 마을에 가는 길 – 길·12
104	그대에게 가는 길·1 – 길·13
105	그대에게 가는 길·2 – 길·14
106	그대의 세상 – 길·15
107	빛
120	고향집에 가는 길
121	하나의 길
122	일어서는 길
123	다시 태어나기
124	신성희의 누아주
126	만남의 찬가 – 결혼식에
128	또다시 태어나기

제4부_ 오늘 나의 시詩는

131	당신의 순간 – 오늘의 창세기創世記·1
134	송사리 – 오늘의 창세기創世記·2

136 나팔꽃 — 오늘의 창세기創世記 · 3
138 바 람 — 오늘의 창세기創世記 · 4
140 당신의 이 밤에
142 오늘도 세수를 하면서
143 기도집祈禱集
146 그대 앞에서
148 거울 앞에서
150 우리의 기도
152 오늘 나의 시詩는
154 시詩가 쓰고 싶어지는 것은
156 이따금 글자가 없는 세상을 · 1 — 사랑의 노래 · 6
158 아내에게 — 사랑의 노래 · 8
159 다시 아내에게 — 사랑의 노래 · 9
161 오늘의 세상은 — 사랑의 노래 · 10
163 아프리카의 초원을 보았나 — 사랑의 노래 · 11
165 회귀현상 — 사랑의 노래 · 12
166 이른 봄에는 · 2 — 사랑의 노래 · 13
167 사랑의 가정 — 사랑의 노래 · 14
169 창세기의 그리움 — 사랑의 노래 · 15
170 내려놓기
171 마지막 고개 앞에서
172 그대에게 가는 길
174 동 행

제5부_ 보라 새 것이 되었나니

177　새해 아침에
178　새해 아침의 기도·1
180　새해 아침의 기도·2
181　여명黎明의 노래－새해 아침에
184　보라 새것이 되었나니－새해 아침에
186　활활 타올라라, 너의 가슴－영원한 3·1절을 맞으며
188　오늘도 그리스도 눈은－부활절 아침에
189　부활의 노래·1
190　부활의 노래·2－부활절 아침에
193　승리의 노래－부활절 아침에
195　오직 당신들이기에－현충일에
196　유월六月과 십자가十字架
198　감사의 기도－추수감사절 아침에
200　감사절의 노래
201　지금 너희 가슴에는－아기 예수 오신 날에
202　찬양하라 아기 예수－성탄절에
204　기 적－성탄절 밤에
205　성탄절 밤의 기도
207　세모歲暮의 기도
223　빛의 길 위에서－'생명의 빛' 예배당에서
224　사랑과 축복의 길－아름다운교회에 오면
226　성령의 계절－한국오순절교회협의회 한영훈회장님 취임에
228　복음의 걸음으로 왔나니－엄정묵목사님 회갑에

230 보라 활활 타오르는 성령의 불길을 보라
　　─한국기독교 성령 100주년 기념대회에
232 빛의 길─반석교회 창립 30주년에
234 하늘나라 가는 길─후백 황금찬선생님 영전에
237 빛의 집─울진기도원·엘림교회 7주년에
240 이 생명은 하나님의 사랑이네
　　─송일현목사님 고희기념 축하예배에
242 영원한 빛의 집─익산 제일산정현교회당 입당에
244 오늘도 빛의 지팡이를 들고
　　─백석대 장종현총장 성역 45주년에

해설 • 246

임영천_ 헬레니즘과 헤브라이즘의 변증법적 통일의 시세계

제1부

기도와 말씀

기도와 말씀

기도는
소돔성의 유황불처럼
세상의 언어를
불태우시다

기도는
얼음처럼
세상의 언어를
결빙하시다

기도는
모세의 지팡이처럼
멀리서
파아란 언어를
불러오시다

기도는
바울의 방언처럼
잃어버린 언어를
찾아 주시다

이름지우기

저 강 건너의 이름은
남겨두고
이 땅의 이름을 지운다

사랑이 없는
이름을 지운다
감사가 없는
이름을 지운다
생명이 없는
이름을 지운다

소망의 이름만 남겨두고
아픔의 이름을 지운다
슬픔의 이름을 지운다
상처의 이름을 지운다
늦은 밤까지
두 눈 부릅뜬 이름을 지운다

이불을 흥건히 적시며
어둠의 이름을 지운다
지워도 지워지지 않은

이름을 두고
어느 날인가 저 강을 건너면
돌멩이 맞을 이름의 울음소리
밤마다 깊은 잠에 못 들겠다

주主여 어디로 가시나이까

주여 어디로 가시나이까
이 들뜬 세월 어디로 가고 있나이까
저희들 어디로 가고 있나이까
산 너머에는 음산한 바람
바람과바람과바람과바람과
주여 어디로 가시나이까
우리를 놓아두고 어디로 가시나이까

빌딩아래 백화점 百貨店

 침묵으로 솟은 바벨탑의 가지랭이를 가다 계단은 하늘을 향하여 뻗어 오르기도 했다 이웃과 이웃 방과 방들은 한결같이 문이 닫히고 그들만의 말을 지저린다 그래서 가슴은 답답한 스스로에 갇히고 째각째각 계산기 소리가 난다 침묵으로 솟은 바벨탑의 사이 무수한 말씨가 유리 속에 피었다 모두 유리 속에 갇히어 활짝 웃는다 활짝 웃는 얼굴들이 바벨탑을 안내한다 그러나 유리 속에 갇히고 스스로도 갇히었다

눈오는 날의 거리

십년 동안
하늘과 땅사이는
천년만큼이나
겹겹이 벽이다

지구는
구원을 기다리는
병자病者

빌딩 숲사이에
구약성서 속의 요단강은
전철電鐵처럼 흐른다

눈오는 날
구원의 지구를 걸어라
눈썹에 맺는
한점 눈송이가
전류電流이듯
생명을 알린다

부활의 아침처럼

누리의 내부에서
피어나는 소리

눈오는 날 거리에 서면
하늘도 시무룩한
저기압이 그리워라

눈송이
송이에는
개나리의 눈이 잉태하는
소리 들리고
멀리 가버린
사연들을 맞이 하겠다

겨울바다

무수한 사연을 머금었다
햇살을 받고
지평선에서 소리치며 일어서는 구름

너는 지금
아프리카의 어느 바람사이에서
내 고향 한적한 바위틈에서
구원의 옷깃을 철썩거리고
있을 것이다

모든 말씀이
이력서의 죄와 상이 그러하듯이
너는 역사가 얼마나
하잖은가를 알려주고 있다

그 슬픔과 이 아귀다툼
이 즐거움이
머지않아 너에게 돌아가
잠잠해질 것을

너의 작은 모래알처럼
너는 나를 신앞에 서게 하고 있다

오늘밤 막달라 마리아는

오늘밤 막달라 마리아는
다시 골목길을
서성이고 있다

꿀벌처럼 윙윙거리는
로마병사의 휘파람소리

오늘밤 예수는
다시 골목길에서
낙서를 하고 있다

오늘밤 다시
예수의 땅에는
막달라 마리아의 그림자와
로마병사의 휘파람소리가
지나가고 있다

예수는 말없이
낙서를 하고 있다

흩어져 사납더니

노아의 방주
봉창에 비추인 햇빛이
아테네와 로마
제신諸神들에게 비추이더니
백제와 신라 고구려
12지十二支에 비추이더니
사천 년 오천 년
제씨의 마을과 마을에
비추이더니
지금 너와 나의 가슴에
비추이더니

메소포타미아
유프라테스
강기슭마다
바벨탑 돌조각들이
흩어져 사납더니
간디스강 기슭에도
경전經典 부스러기
흩어져 사납더니

황하 언덕마다 고개마다
전국戰國의 열왕
흩어져 사납더니
서울의 마을마다
지붕 위에 십자가
흩어져 사납더니

아아
바벨탑 벽돌조각들
흩어져 사납더니
너와 나의 가슴마다
바벨탑 벽돌조각들
흩어져 사납더니

새벽에

　1
이른 새벽
너의 문을 두드린 목소리를 아느냐
꿈속에서 만났던
그 그윽한 소리를 아느냐
그 목소리가
바로 너의 예수임을 아느냐

　2
이른 새벽
날이 새는 빛소리를 들었느냐
부용같이 환하게
피어오르는 빛소리를 들었느냐
그 빛소리가
바로 너의 예수임을 아느냐

　3
이른 새벽
너의 가난한 마음에
찾아오시는 발소리 들리더냐
소곤소곤 너의 아기 숨소리처럼

사랑하는 마음에
찾아오시는 발소리 들리더냐

   4
이른 새벽
너의 시름에 잠긴
베개 밑에 성큼 당겨 앉으시는
예수를 보았느냐
그 분이 바로 예수
언제나 너의 사랑 속에
다시 살아 오신다
언제나 너의 기도 속에
다시 살아 오신다

예수의 얼굴

1

도스토예프스키의 일기에는 예수의 얼굴이 그려져 있다 이 세상에서 다시 없이 아름다운 예수의 얼굴이 그려져 있다 그렇게 아름다운 얼굴이기에 그도 한 번밖에 보지 못한 얼굴이 그려져 있다 사형장의 말뚝에 묶여 눈 가린 눈으로 본 예수의 얼굴이 그려져 있다

2

친구들과 낚시터에 갔다가 친구의 낚시 바늘에 끌려나온 잉어의 눈빛을 보았다 그날 밤 낚시터에 앉아 조을다가 꿈속에서 낚시바늘에 끌려나온 잉어의 눈빛을 보았다 그리고 사라지더니 십자가에 끌려가시는 예수의 얼굴이 나타났다 그리고 사라지더니 하얀 부용꽃이 피어 있었다 가늘게 꽃잎이 하늘거리는데 어릴 때 엄니가 고마워하시던 장독대의 부용꽃이었다

3

도스토예프스키가 본 예수의 얼굴은 단 한 번밖에 보지 못한 얼굴이다 단 한 번밖에 볼 수 없는 예수의 얼굴이기에 그토록 아름다운 얼굴이다 단 한 번밖에 볼 수 없는 예수의 얼굴이기에 그토록 영원히 그의 마음을 사로잡은 얼굴이다 단

한 번밖에 보지 못한 예수의 얼굴이기에 언제나 다시 한번 보고 싶은 얼굴이다 동백의 봉오리처럼 새근새근 우리 아기 숨소리처럼 다시 한번 보고 싶은 얼굴이다

이 밤에

집집마다 커튼에 비친
불빛이 아름다운 건
주님이 지켜보시는
까닭이옵니까

이 밤이 이슥한 이 거리에
바람이 감미로운 건
주님의 사랑이 살아있는
까닭이옵니까

한점 한점 불빛이 꺼지며 문득
석간신문의 슬프고 어지러운 기억이
마음을 울적하게 하는 건
주님이 아직도 살아있는
까닭이옵니까

봄기운도 향긋한 이 밤에
사랑의 주님
저는 지금 이 세상 어디쯤
가고 있나이까
진정 주님 안에 있나이까

가을의 노래

이제는 들녘에 나가 보아라
모진 비바람은
기억 속에 접어두고
영원한 하늘의 사랑을 노래하리라
너의 땀흘린 결실을
하나님께 찬송하리라

이제는 들녘에 나가 보아라
하나님의 사랑을
몸에 흠씬 젖어 보아라
봄에 씨뿌리고
여름내 땀으로 빚어 놓은
사랑의 열매를 얼싸안아라
그 사랑의 따스한 손길에
소리 높여 찬송하리라

이제는 들녘에 나가 보아라
땀의 결실은
너와 나를 기다리고
아름다운 생명을 돌보는
하나님의 사랑은
저렇듯 끝이 없어라

가출일기家出日記 · 1

매일 몇 번씩 가출을 한다
빛의 문門을 열고
일상의 바람처럼 휘파람을 불며
세상의 바다 속에 뛰어든다

상처투성이다
세상의 파도와 바람에 두들겨 맞아
성성한 데가 없다
또다시 빛의 문을 열고
치료를 받는다

오늘도 밤이 깊도록
빛의 물로 씻고 씻었으나
새벽이 오면
세상의 바람은
푸른 꿈의 가출을 유혹한다

빛의 집을 떠날 때마다
또 다른 출항이었으나
보따리 속에는
눈물의 바람을 가득
가득 채워 주었다

가출일기家出日記 · 2

오늘 아침에
어딜 가나
아득한 고향집을 두고
세상의 바람따라
어딜 가나
저 아리랑고개 넘어
고향의 하늘은
멀기만 하네

파 도

하루종일 사나운 바람에 두들겨 맞고
절룩거리며 돌아온 밤마다
눈을 부릅뜬 파도는
문이 꼭꼭 잠긴 방안에 가두고
어렸을 적에 회초리를 맞듯이
밤이 깊어 갈수록
더 세게 때리더라
밤이 깊어 갈수록
더 크게 호통치더라

옷벗기 · 1

세상의 바람에
사나워진 옷을
어디서나 벗는다
하루에도 몇 번씩
낮밤을 가리질 않고
훨훨 벗는다
오늘밤은
새벽녘까지 눈물 속에서
수십 벌의 옷을 벗는다

옷벗기 · 2

오늘은
주일 예배시간에
세상의 비바람에 젖은
옷을 벗고
또 벗는다
흥건히 젖은 눈물의 옷도
벗고 벗었으나
광화문을 지나
압구정동을 서성인 탓에
또다시 젖은 옷을
밤늦도록 벗는다

옷벗기 · 3

새벽녘에 일어나
그대 앞에서
수십 벌의 깨끗한 옷을 입고
세상의 어둠 속으로 떠난다
아파트 숲 사이를 지나
이 마을과 저 마을에서
백화점의 유혹에 서성이다가
퇴근길에서도
요란한 계산기 소리에
세상의 어둠과 씨름을 한다
한밤중에 그대 앞에 서면
세상살이 어둠의 냄새에
흠뻑 젖은 옷을
이제야
벗고 또 벗는다

옷벗기 · 4

깊은 밤에
홀로
사랑의 그대 앞에서
은총의 사랑을 꿈꾸며
훌훌 옷을 벗는다
새벽녘에 그대 곁을 떠나
세상의 바람에 갈아입은
거짓의 옷을 벗고
욕심의 옷을 벗는다
퇴근길에 여저기 서성거리다가
입었던 유혹의 옷도
그대의 품속을 꿈꾸며
훌훌 벗는다

빛의 손

오늘 아침에
동백꽃을 피우더니
이 땅 위에
낮과 밤을 주고
물과 불을 주는
저 손의 일상
우주를 깨우고
우주를 잠재운다

주일예배

수만개의 칼을 든
청청한 말씀은
두 눈을 부릅뜬
어둠을 내쫓고
햇빛같은 환한 세상살이
마지막 마을 가는 길까지
훤히 비춘다

신 앙

누구나가
문門을 두드리면
활짝 열리는 곳에는
길이 열리고
또 다른 세상에서
꽃처럼 태어나는
빛의 길이다

아버지의 회초리

어렸을 적
친구집에 가면
이미 시계는
어둠 속에 잠들고
집에 가서야
아버지의 회초리에
늦은 밤인 줄 알았네

이제는
어둠의 길 위에서
여저기 오가다가 보면
이미 시계는
어둠 속에 잠들고
집에 가서야
아버지의 회초리에
어둠을 내쫓는
빛을 보네

어쩌다가
어렸을 적부터
어둠 속에서 잠든 시계는

오늘도
동행하는가

아
어느 날엔가
늦은 밤에야
저 강 건너 집에 가면
아버지의 회초리에
피눈물을 흘리겠네

돌아보기

오늘 밤에는
세상의 사나운 바람에
눈물마저 메마른 마음을
갈가리 찢어라
이글거리는 어둠의 불덩이도
활활 태워라
한 줌의 재도 없이
활활 태워라

씻어내기

밤늦게 돌아와 불을 켜면
온 집안을 주인처럼 활보하던 어둠은
어느새 흔적없이 도망쳤으나
온몸 구석구석에서
황제처럼 활보하는
얼굴이 뻔뻔한 세상의 어둠은
씻고 씻었으나
씻기지 않고
두툼한 세상의 옷까지 벗고
씻고 씻었으나
잠자리까지 웅성거린다
대낮처럼 빛의 불을 켜고
빛의 맑은 물에
씻고 씻는다.

제2부
예수와 꽃 한 송이

봄의 사과밭에서

너는 아침마다
창세기創世記의 첫 장을 연다

감미로운 바람결에
아담과 이브의
숨소리를 듣다

꽃봉오리와 꽃봉오리를
순례하는 영산회상곡靈山會相曲
차라리 하얗고 노란
나비의 미소는
원시原始의 신음呻吟하는 소리

또 뜨거운 시절이 오리라
너의 모든 것이
시신屍身처럼 굳어지는
운명을 안고

서울의 황혼黃昏

너의 하루는
빌딩그늘에 그을고 있다

해는
소음 속에 저물고
아무도
지는 해를 보지 않는다

차들은
총알처럼 날쌔고
언제
너의 가슴을 뚫을지 모른다

너는
싸늘한 버스정류장에서
또 하루를 기다리고
화장기 짙은 구두소리를 듣고 있다

머지않아 거리에는
네온이 켜지고
산동네의 십자가+字架에도

네온이 켜지고
너의 예수를 가두기 위하여
어둠이 몰려오고 있다

언제부터지

내가
발가벗고 싶어진 것은
언제부터지

아침에
집을 나와
일광년一光年쯤 걸었을까
누르딩딩한 나무잎새가
가지에 매달려
살랑거리고 있는 것은
언제부터지

염병앓이처럼
전율하다가
그리도 얽히고 설킨
미어迷語들이
간데없이
사라진 것은
언제부터지

원양어선遠洋漁船에서

잡아온
삼치덩이처럼
멀쩡히 누워서
인생人生도 시간時間도
얼어붙은 것은
언제부터지

거룩한 저 한 분의 말씀이
지폐紙幣처럼 시달리다가
외딴 농가農家의 불빛처럼
저리도 그윽한 것은
언제부터지

내가
발가벗고 싶어진 것은
언제부터지

꽃과 얼굴

노아의 방주方舟 목록目錄에는
동백꽃 한 송이 없었다
채송화도 없었고
봉선화도 없었다
비둘기와 양¥은 있었지만
동백꽃은 씨앗도 없었다
그런데 지금
한 송이 동백꽃이
방주의 봉창으로
스며드는 햇빛처럼
구석방 창가에서
창세기의 축복을 받고 있다

노아의 방주方舟 목록目錄에는
한 사람의 서울여자도 없었다
미국美國여자도 없었고
유태인 여자도 없었다
호미를 가진 전라도全羅道여자와
닭우는 소리는 있었지만
입술이 바알간
서울여자는 없었다

어느새 입술이 바알간
서울여자는
사내의 눈을 깨물며
영영
에덴을 잊어버렸다

쇼걸의 노래

주여
우리는 지금
쇼걸이 되고저
하나이다

바다와 산은 빨갛고 노랗게
진딧물이 들고 있나이다
잠도 안 자고
희희덕거리고 있나이다

그러하오니
주여
당신이 그러하듯이
한 잎 낙엽을
주옵소서
우리는 지금 웃음소리도
지쳤나이다

주여
우리는 지금
쇼걸이 되고저

하나이다

이미 수평선水平線엔
젊은 파도소리의 정벌征伐
하늘가 어디에도
고독은 없나이다

그러하오니
주여
당신이 그러하듯이
한 잎 낙엽을
주옵소서
우리는 지금 웃음소리도
지쳤나이다

새벽 종소리

어둠은 아직
머물고 있다

언덕을 오르시는
노파老婆의 기침소리
벌써 새벽기도에
가시나 보다

돌아가신
어머니의 버선발소리
건넛마을
예배당에서
부르고 있다

고요는 아직
숨쉬고 있다

아내가 어제
꽂아놓은
들국화 송이가
희미한 등밑에서

깜박이고 있다

꽃잎파리도
새벽기도의 종소리를
듣고 있다

머지않아
하루가 시작될 것이다
머지않아
소음騷音이 시작될 것이다

세상에 울려퍼지는
저 종소리
소음騷音과 맞서
여기저기서 우는 소리
황홀한 기쁨이
시간을 반추反芻하고 있다

오직 지키는 자이게 하소서

어릴 때
눈 비비며 보았나이다
새우젓 보시기에
삐죽 나온 심지에
환한 빛이
누이의 손길처럼
아기의 미소처럼
피어 있었나이다

나의 우주宇宙
우리집 초가집을
방가득히
밤새도록
지키고 있었나이다

앵두꼭지같이
가느다란 심지가
오직 저 혼자서
우리집 나의 생명生命을
밤낮 지키고 있었나이다
누이의 손길처럼
아기의 미소처럼

눈물

오늘 아침
우리 아기에게
눈물을 주신 이는
누구인가요

어디
솔로몬의 다이아몬드가
그렇게도
영롱하던가요

동트는
햇님을 가득히
머금은 이슬방울

할딱거리는 한 마리
어항 속의 생명 앞에서
오늘 아침
우리 아기에게
눈물을 주신 이는
누구인가요

오늘 아침도
— 말의 행방行方 · 1

사람들의 말이
누런 황금송아지로
변해 가고 있다

파도의 채찍에서
풀려난
사람들의 말이
누런 황금송아지로
변해 가고 있다

그래서 나는
어느날 아침부터
참새의 노래를
부르기로 했다

노아의 방주에 피신한
참새들의 노래를
부르기로 했다

오늘 아침도
어느날 아침처럼

벚나무 가지와 가지에 앉아
봄볕을 즐기는
참새들의 노래

태초의 노래
— 말의 행방行方 · 2

메뚜기와 잠자리가
개미와 지렁이의 노래를
부르기로 했다

노아의 방주에
피신한 메뚜기와
잠자리와 개미와
지렁이의 노래를
부르기로 했다

오늘 아침
고향집 뜰에
우르르 날아온 참새떼들
어쩌면 그리도 어여쁘게
짹짹짹 찍찍찍
노아의 방주노래를
부르고 있다

메뚜기와 잠자리와
개미와 지렁이도
한가로이

노아의 방주노래를
부르고 있다

태어나기
— 말의 행방行方 · 6

   1
나의 시는
밤의 말과
낮의 말의 싸움터다

나의 시는
카인과 아벨처럼
낮의 말과
밤의 말의 싸움터다

카인이
아벨을 죽인 것처럼
나의 시는
낮의 말이
밤의 말을 죽인다
그리고 나의 시도 죽는다

그러나 나의 시는
한 번 죽었다가 살아나는
요술쟁이

2
나의 시는
카인이 죽인
아벨의 원혼이다

나의 시는
아벨을 죽인
카인의 불안한 마음이다

원혼과 마음은
구름이 되어
비내리는 밤
나의 시는 비내리는 밤
거리의 유혹이다

죽은 아벨은
다시 죽은 아벨을 낳고
카인의 도끼는
다시 카인의 도끼를 낳고
카인과 아벨이 뒤엉켜 비내리는
밤거리의 유혹이다

형식주의形式主義
― 말의 행방行方 · 7

나의 말은
자꾸자꾸 바리새인이
되어가고 있다

오늘 아침
나의 시가
창가의 햇볕에
앉았다가
슬그머니 사라지는 건
그 때문이다
순전히 그 때문이다
나의 말이
바리새인이
되어가고 있기 때문이다

주님의 얼굴·1
— 백마강白馬江에서

하늘 높은 늦가을
산山에서 불어오는 바람이 근심스러울 땐
삼천 궁녀 떨어진 낙화암에 서다
백마강白馬江에는 여저기 들오리 놀고
잠맥질하며 미끄러지듯 달리고
떠다니고
어디서들 왔느냐
들오리 가족들 즐거워라
문득 거기에서
성경에도 없는 주님의 미소 보아라
미소지은 주님의 얼굴
아아 그러나 문득 나타난 침략자
물을 치며 쫓는 침략자
칠 때마다 푸드득거리며
도망가는 들오리
달려가는 침략자
아아 거기에서
문득 십자가十字架의 주님얼굴 보다
보아라 오뇌懊惱의 얼굴
주님의 얼굴 보아라
삼천 궁녀 떨어진 백마강白馬江
사자수에 어린 십자가十字架의 얼굴 보아라

주님의 얼굴·2
— 한강漢江에서

아직 해는 잠결에 있는가
새벽의 한강漢江은 불안不安한 물살
다리 위에 달리는 자동차 행렬은
지동地動소리처럼 울리고
치맛자락처럼 어둠은 물에서 도망치다
보아라 여저기 들오리는 잉어처럼
물속에서 뛰고
가끔씩 새아씨처럼
새들이 달려가고 달려오고
성경에도 없는 주님의 미소 보아라
이른 새벽 계절을 즐기는 들오리
주님의 미소 보아라
문득 물속에서 뛰노는 들오리
잠맥질하며 놀란 듯
뛰노는 들오리
그러나 언뜻 보았는가
당황하며 달아나는 고기새끼들
우리 아기처럼 예쁜 고기새끼들
십자가十字架의 주님얼굴
오뇌懊惱의 주님얼굴 아니 보이던가

새벽기도길

산 너머에는
부산히 해돋이 손길
어둠 속의 이슬방울이
행복하구나

어느새 골목마다
가득히 피어나는
주主의 은혜

지붕 위 종루鍾樓는
고향집 박덩이처럼
두둥실 떠 있고
사랑이 여울지는
육신肉身의 마디마디

주主의 입김이
향긋한 새벽길
풀이파리도
눈 비비는 소리
오직 당신만이
이 생명生命 열어라

예수의 눈빛

이미 호산나소리는 사라지고
육신(肉身)에 못이 박힐 때
백광년(白光年) 큰곰자리처럼
멀리 사해(四海)를 비추시다

마지막날 밤에
겟세마네동산의 베드로와 야고보
그리고 요한을 깨우시던 눈빛은
지금도 조을고 있는 너를
깨우심이다
혹시나 너의 잠결에서라도
십자가의 예수가 살아 있음을
아니 너의 십자가를
잊을까 하시고

입으로만 부르지 말아라
조을고 있는 너의 베드로
너의 야고보와 요한 앞에
다시 오시지 않을까 두렵다
일 나가신 아버지가
너를 생각하고 있듯

예수가 걱정하신다

지금 창 너머에서
너를 지켜보시는 눈
예수는 하늘의 눈이시다

할렐루야 할렐루야

　　Ⅰ
아기야
천길 물속보다도 깊은 눈빛
네가 한번 웃을 때마다
소리내어 웃을 때마다
아니 소리없이 웃을 때마다
사랑이 샘솟는 것은
이 세상 어느 분의 은혜라더냐
할렐루야
할렐루야
천길 물속보다도
깊은 그 분의 은혜
할렐루야
할렐루야

　　Ⅱ
아기야
천길 물속보다도 깊은 눈빛
오늘도 아빠는
생채기가 된 몸으로
너에게 달려왔다

가시덤불 같은 사람들의 틈
틈과 틈을
빠지고 빠지고
너에게 달려왔다
생채기가 된 팔과 다리
어이 그리도 가벼웁더냐
너에게 달려오는 그 발
그 마음
이 세상의 어느 분이 주셨더냐
천길 물속보다도 깊은 눈빛
그 분의 눈빛
할렐루야
할렐루야

사랑의 순간

 겨울 한강을 놀고 있는 철새를 당신은 아는가 죽은 어미 철새가 놀던 한강에 새로 태어난 새끼 철새가 날아오는 까닭을 당신은 아는가 죽은 어미 철새가 새끼 철새에게 쳐놓은 무선無線의 끈을 당신은 아는가 시베리아에서 한강까지 쳐놓은 무선無線의 끈을 당신은 아는가 그리도 작고 연약한 마음 속에 저리도 길고 긴 무선無線의 끈을 어떻게 달아 놓았는지 당신은 아는가 오늘 아침 우리 아기의 눈빛에서 사랑의 주님이 충만하던 까닭을 당신은 아는가 하늘에서 우리 아기의 눈빛까지 이어져 내려오는 무선無線의 저 전류를 당신은 아는가 내 마음 속에 충만하고 있는 주님의 사랑을 당신은 아는가

이 순간은

그대는
사랑이 무엇인지
물어본 적 있는가
그대는
사랑이 무엇인지
정답이 있던가

생명에 불이 붙는
이 순간
무슨 말이 있던가
꽃밭에 날고 있는
나비사 알고 있겠지
만리 길 날고 있는
기러기사 알고 있겠지

생명에 불이 붙는
이 순간
말이 없다네
오직
하늘의 뜻이라네
하늘의 기적이라네

묵 상

비행기도 아니 타고
천리만리 날아오고
날아가는
저 철새들의 노래는
어느 분의 선물일까요

배도 아니 타고
천리만리 해협을 넘어
백사장 깊이깊이
알들을 묻어두고
돌아오는
거북의 지혜는
어느 분의 선물일까요

엄마의 젖을 물며
엄마의 눈빛을 바라보는
아기의 눈빛은
이 세상
어느 분의 선물일까요

아기에게 젖을 물리며

아기의 눈빛을 바라보는
엄마의 눈빛은
이 세상
어느 분의 선물일까요

아침바다

파도는
창세기의 첫 날을
열고 온다
천사들이 춤추며
하늘의 노래
퍼져 오르고 있다
아아
하늘에는
구름 한점
피어오르고
하늘가 아이들이
손짓들 하고 있다
세상에 그을은
하늘의 아이들아
창세기의 첫 아침에
저 하늘의 삶이
열리고 있다.

외 식

　가나안은 아직 산 너머에 있는데 서울의 시민은 이제 만나를 먹지 않는다 꿀보다 달고 고기보다 맛이 있는 만나를 먹지 않는다 서울의 아침상에는 향기로운 송이버섯이 구워지고 소고기보다 비싼 영광굴비가 구워지고 만나는 메뉴에도 들지 않는다 이제 만나는 우리 생활의 어디에도 들지 않는다 네로의 백성처럼 만나를 먹지 않는다 아론의 지팡이가 올라갔는데 만나는 먹지 않는다 아론의 지팡이가 피바다를 예고했는데 서울시민들은 만나를 먹지 않는다 아직 가나안은 산 너머에 있는데 서울의 시민은 만나를 먹지 않는다

예수와 꽃 한 송이

황량한 돌산에 올라
꽃 한 송이 들고 있는
예수님 보셨나
그 모습이
우리의 기도라네
마음이라네
희망이라네

황량한 돌산에 올라
꽃 한 송이 들고 있는
예수님 보셨나
그 모습이
너와 나의 세상을
다스리는 사랑이라네
생명이라네
평화라네

황량한 돌산에 올라
꽃 한 송이 들고 있는
예수님 보셨나
그 모습이

무너지는 세상의 구석구석을
지켜보고 있다네
너와 나의 가족들을
지켜보고 있다네
이제도 지켜보고
내일도 지켜보고 있다네
언제나 지켜보고 있다네

진열창과 이브

이브의 딸들은
또 한 치쯤 구두굽이 높아졌다
윈도우 속에서 신발들은
무수한 눈들을 빨아들인다

작은 물레방아가
물을 뿜어내고
초가집에서는 색색의 불빛이
반짝거리지만
다만 윈도우 속에서
저 혼자 그럴 뿐이다

이브의 딸들은
배암처럼 입을 벌리고
사과를 물고 있다

창세기의 햇살이 낙엽처럼
구둣방 윈도우의 유리에
떨어졌다가 사라지고
이브의 딸들은
더 아기자기 사과를 물고 있다

그리고 사과를 물고 있는 입마저 고달플 때
사과는 다시
잉태의 아픔이 될 것인가

동백꽃의 말씀

깊은 밤에야
아침에 활짝 피어난 동백꽃이
하루종일 걸었던 길은
길이 아니다고
두 손을 저으며 일러준다
또다시 일러주는 길이
저 강 건너
고속도로처럼 펼쳐진다

제3부

길 그리고 빛

길 위에서
— 길·1

밤낮없이 걷는 길은
하나가 아니다
세상의 세찬 눈비를 맞으며
어렸을 적부터 걸었던 길은
끝이 보일 듯이 가까워지고
또 다른 길들은
아직도 끝이 보이지 않고
다시 걷는 길은
아득한 오늘이다

길 위에서
세상의 바람에 휩쓸렸다가
세상의 어둠 속을 지나
그 길 위에 다시 돌아오고
세상의 사나운 파도에 넘어졌다가
또다시 일어나 걷는다

세상의 고불고불한 길을 지나
높은 고개를 넘으면
또 다른 높은 고개가 보이고
세상의 험한 길을 지나

높은 산을 넘으면
또 다른 높은 산이 보인다

새로운 길
— 길·2

오늘은 보이지 않는 길을 걸었다
어제까지 걸었던 길을 두고
어제 밤 홀로 깨어나 보았던 길을
눈물 속에서 보았던 길을
새벽에 깨어나 밤늦도록 걸었다

보이지 않는 길 위에서
세상의 어둠이 두 팔을 벌려 가로막고
세상의 파도는 이리 때리고 저리 때려도
흐르는 피를 닦으며 닦고
흐르는 눈물을 닦고 닦으며
가도 가도 보이지 않는 길을 걸었다

늦은 밤에 돌아와서
상처투성이의 아픔을 씻고 씻으면
세상의 어둠 속에서 보이지 않았던 길이
흐르는 피 속에서 훤히 보이고
흐르는 눈물 속에서 훤히 보인다

세상의 어둠 속에서 보았던 길은
세상의 어둠과 함께 걸었던 길이 아니다

세상의 파도 속에서 보았던 길은
세상의 파도와 함께 걸었던 길이 아니다

사랑의 길
— 길·3

예수는 마지막에
누구도 가지 못하는
피의 길을 가고

예수는 마지막에
누구도 가지 못하는
눈물의 길을 가더니

죽음의 강 위에
다리를 놓고
피의 길이나
눈물의 길 위에
영원한 나라로 가는
사랑을 펼쳐 놓았다

꽃 길
— 길 · 4

그대의 큰 손은
칼을 들었던 적이 없다
칼끝의 길은
길이 아니기 때문이다

그대의 큰 손은
총을 잡았던 적이 없다
총끝의 길은
길이 아니기 때문이다

그대의 큰 손은
365일 밤낮없이
꽃길을 가꾸고 있다

빛의 길
— 길 · 5

골고다 언덕을 시뻘겋게 물들이고
십자가 위에서 흘린 피는
너와 나를 위한 혁명의 칼이다
빛의 길을 가로막는
어둠의 이단들을 몰아내고
어둠 속에서
빛의 길을 비추는 등불이다
어둠 속에서
빛의 길을 향하는 지팡이다

눈물 속에서
— 길 · 6

깊은 밤에
아버지의 회초리에 맞아
흐르는 눈물 속에서
세상의 어둠을 뚫고
펼쳐지는 길을 보았다
길의 끝에서
크막한 손짓을 보았다

세상의 어둠 속에서
— 길 · 7

세상의 어둠 속 길 위에서
어제 밤에 눈물 속에서 보았던 길은
여저기 둘러보아도 보이지 않고
세상의 어둠 속에서 돌아와
그대 앞에 무릎을 꿇으면
씩씩한 어둠의 길은 사라지고
어제 밤에 보았던 길이
세상의 어둠 속에서 훤히 펼쳐진다

그대를 만나러 가네
— 길 · 8

여저기 길 위에서
숱한 날을 헤매다가
깊은 밤에
눈물 속에서 만났던
그 길 위의 끝에서
크막한 두 팔을 벌리고
밤낮없이 기다리는
그대를 만나러 가네

길의 끝
— 길 · 9

그대를 만난 이후에
하나의 길을 가기 위해 뛰었다
어둠의 울창한 숲을 지나
어둠의 추위 속에 서서
하나의 길에 들어서면
그 길의 끝에는
꿈꾸던 꽃동네가 보인다

그 길 위에서
세상의 거친 파도를 만나
여저기 떠밀려 가다가
또다시 길 위에 서서
세상의 어둠을 털어내면
그 길의 끝에는
꿈꾸던 꽃동네가 보인다

고 백
— 길 · 10

교회에 가는 주일날이 즐겁다
늦은 밤에 들어선 잠자리에서 일어나
세상의 먼지까지 깨끗하게 씻어낸 후에
어제 밤에 세탁한 양복과 넥타이를 매고
교회에 가는 발걸음이 가볍다
예배당에 들어서기 전에
1층 커피숍에서 마신 커피는
일주일 동안 마신 커피 중에서 가장 맛있고
예배당 뒷자리에 앉아
어둠과 빛의 세상사를 듣는 시간은
어둠의 길 속에서 빛의 길이 훤히 보이고
시간 가는 줄 모르게 지루하지 않아 좋았다
장로란 직분을 지녔는데도
이것 저것 시키지 않아
교회에 가는 주일날이 즐겁고 즐겁다

홀로 가는 길
— 길 · 11

오늘의 길 위에서
아버지 어머니도
떠난지 오래 됐고
함께 가기로 했던 그대도
떠난지 오래 됐네

아들 딸도
훌쩍 곁을 떠나
가는 길로 가버리고
멀지 않은 길을
이제는 홀로 가네

앞만 보고
달려왔던 세상살이
지난 세월은
부릅뜬 두 눈으로
부질없었던 시간을
원망하고 있네

멀지 않은 길 위에서
좌우의 세상살이

한두 번씩 쳐다보며
천천히 아주 천천히
가라고 일러 주네

꽃의 마을에 가는 길
— 길 · 12

길의 숲속에서 어제를 그냥 보내고
오늘은 여저기의 숲속을 헤매다가
크막한 손으로 꼬옥 잡아주면
여러 갈래의 길중에서
어둠의 영혼을 깨끗하게 씻어주고
꽃의 말과 웃음의 마을에 가는
하나의 길만을 선택받는다
꼬옥 잡은 손을 놓지 않으면
수없는 길들의 유혹에서 벗어나
고난의 언덕을 넘고 넘으며
꽃의 마을에 가는 길을 걷고 걷는다

그대에게 가는 길 · 1
― 길 · 13

늦은 밤마다
세상의 걸음을 멈추고
눈물의 층계를 기어올라가
빛의 말씀 위에 섰더니
세상의 비바람이나
거센 파도와 태풍에
넘어지지 않고
세상의 어둠 속에서
그대에게 가는 길이
훤히 보인다

그대에게 가는 길 · 2
— 길 · 14

오늘은 여저기 깊이 박았던 못들을
눈물의 뺀치로 힘껏 뽑는다
가슴 깊이서 하나 둘 뽑아
밤늦도록 재까지 활활 태우고
어제보다 가벼워진 걸음으로
그대에게 가는 길을 걷는다

그대의 세상
— 길·15

그대 앞에 꼿꼿하게 서면
지금 가고 있는 길의 끝에
그대가 사시사철 가꾸는
꽃밭의 세상
어제보다 더 가깝게 보이고
날마다 쌓아 올리는
바벨탑의 세상 곁에 서성이다가
그대 앞에 꼿꼿하게 서면
지금까지 듣지 못한 꽃의 말이
오가는 그대의 세상
어제보다 더 가깝게 보인다

빛

1

빛은 쉴새 없이 일을 한다
이 세상에서
가장 크막한 손과 발은
낮과 밤을 가르지 않고
지구의 체온이 식지 않도록
날마다 쉴새 없이 일을 한다

빛은 어디서나
찾는 그 자리에서
그 모습으로 맞아 주고
세상의 시시한 이야기까지 들어 준다

빛은 말씀이고
누구도 가로막을 수 없는 길이다
빛은 사랑이고
돈 한 푼 받지 않은 축복을 준다

빛의 말씀은
어둠 속의 길을 훤히 비추고

수천개의 길중에서
영원한 생명의 길을 향한 지팡이다

   2

출근하고 퇴근할 때까지
컴컴한 길을 걷다가
막다른 길의 끄트머리에 서서
오가지도 못할 때에
몇 번이고 창문을 꼭꼭 잠그고
냉정하게 거부한 빛이 다가와
크막한 손으로
어둠 속의 길 위에서 건져 올린다
훤한 길 위에
살며시 내려놓고
저 강 건너
사시사철 초록마을에 가는 길을
말씀으로 일러 준다
글자로 가르쳐 준다

3

일상의 길 위에서
만난 빛은
말이 아니라 말씀이고
누구나 쉽게 읽는 청청한 글자이다
어둠의 길 위를 비추는
지팡이의 말씀이고
회초리의 말씀이다
훤한 길을 비추는
지팡이의 글자이고
회초리의 글자이다
길 위에 활보하는 어둠을
활활 태우는 불꽃이 되고
문 밖까지 내쫓는 막대기이다

4

어렸을 적에
밤늦도록 놀다가 집에 오면
아버지의 회초리는

저 강을 건너신 후에야
팔팔 끓는 물처럼
뜨겁게 달군 사랑이었다
어머니는 언제나
이유도 묻지 않고
늦은 밤에 담아준 밥은
저 강을 건너신 후에야
팔팔 끓는 물처럼
뜨겁게 달군 사랑이었다
오늘은 세상의 길 위에서
넘어지고 지쳐 돌아와
빛 앞에 서면
이유도 묻지 않고
아버지의 사랑으로
어머니의 사랑으로
씻기고 안아주는 사랑이다

5

빛은 크막한 손으로
365일 동안 쉴틈 없이

날마다 기계를 돌리듯이
낮과 밤을 빙빙 돌리고
봄과 여름
가을과 겨울을 빙빙 돌린다

빛은 크막한 손으로
365일 동안 쉴틈 없이
날마다 꽃밭을 가꾸듯이
온 우주를 가꾸고
나의 생명
너의 생명을 가꾼다

6

빛은 아무 때나 품어 준다
세상의 어둠에 멸시를 당하고
세상의 어둠에 짓밟히고
세상의 어둠에 짓눌리고 짓눌려
세상의 어둠을 이기지 못하고
일어서지 못할 때에
어머니처럼 따뜻한 가슴으로 품어 준다

깊은 밤마다 빛 앞에서
세상의 어둠을 먼지 털듯이 털었으나
아직도 털어내지 못하고
아직도 씻어내지 못하고
아직도 이별하지 못했으나
따뜻한 가슴으로 품어주고
사랑의 말씀으로 위로해 준다

7

빛의 곁에서 똑똑히 보았다
빛은 사랑이고 사랑이어라
아무것도 요구하지 않는 사랑이더라
아무 때나 찾아오면 퍼주는 사랑이더라
서울역 지하도에 서성이는 노숙자나
대통령과 막노동자를 구별하지 않고
누구에게나 똑같은 사랑을 주더라
누구나 빛 앞에 서면
세상에서 가장 큰 손으로 잡아 주고
쉴새없이 활활 타오르는
사랑의 가슴으로 꼬옥 안아 주더라

8

빛의 손은 어디서나
칼을 잡아 휘두른 적이 없다
빛의 손은 어디서나
총을 잡아 쏜 적이 없다
북쪽이든 남쪽이든 간에
우주의 어느 곳에도 적이 없다
빛을 미워한 자들이나
빛을 말살하려고
공격하는 자들 간에
이 땅의 누구든지
빛의 곁에 오면
죽음의 길에 보내지 않고
생명의 길에 동행한다

9

뱀의 포로가 되었던 이브와 아담이나
달나라까지 점령한 지금도
세상의 바람은

밤낮없이 빛을 무시하고
밤낮없이 빛에 도전했으나
빛을 이기지 못하고
빛이 싫어하는 길만 찾아 걷는다
빛의 곁을 떠날 때마다
유혹하는 세상의 바람
동서남북을 가리지 않고
기세가 당당한 걸음으로 걸어와
어둠이 춤추는 골목으로 끌고 다닌다
오늘도 빛의 눈을 외면하고
오늘도 그럴듯이 빛을 속이며
어둠이 춤추는 골목으로 끌고 다니다가
빛의 인기척에 어디론가 사라진다

10

오색 빛깔의 세상바람은
태곳적부터 오늘도
빛의 손짓을 거부하고
하루에도 수십 번씩
십자가 위에 못을 박는다

11

빛의 크막한 손은
세상의 바람 속에서
두들겨 맞은 상처투성이를
밤낮없이 치유해 주고
아물지 않은 상처의 눈물을
밤낮없이 닦아 준다

12
      (1)
빛의 말씀은 깨끗한 물이다
빛의 글자도 깨끗한 물이다
깊은 밤에 홀로
세상의 무거운 짐을 내려놓고
세상의 바람에 더러워진 몸과 마음을
지친 걸음으로 짊어지고
빛 앞에 가면
말씀의 물로 씻어주고
글자의 물로 씻어 준다

　　　　(2)
빛의 말씀은 사랑의 회초리이다
빛의 글자도 사랑의 회초리이다
깊은 밤에 홀로
세상의 무거운 짐을 내려놓고
세상의 바람에 더러워진 몸과 마음을
지친 걸음으로 짊어지고
빛 앞에 가면
말씀의 회초리로 일깨워 주고
글자의 회초리로 일깨워 준다

　　　　(3)
빛의 말씀은 영원한 생명의 길이다
빛의 글자도 영원한 생명의 길이다
깊은 밤에 홀로
세상의 무거운 짐을 내려놓고
세상의 바람에 더러워진 몸과 마음을
지친 걸음으로 짊어지고
빛 앞에 가면
말씀으로 생명의 길을 인도하고
글자로 생명의 길을 인도한다

13

세상의 어둠 속에서
어렸을 적부터 꿈꾼 길은
보이지 않고
아리랑고개 넘어
꽃이 활짝 피어난 길은
깊은 어둠 속에 잠겨 버렸네
어둠의 길 위에 서서
어둠의 안개비를 맞고 있을 때에
빛은 말없이 다가와
빛의 길을 훤히 펼쳐 주네
빛의 곁에 있으면
어둠 속의 길은 사라지고
값없이 주는 사랑으로
빛의 길을 걸어가네

14

어둠의 길을 걸어가는 자는
어둠과 함께 하루를 보내고

어둠과 함께 히히덕거리는 자는
빛으로 가는 길이 보이지 않는다
어둠의 길 위에서
하루종일 어둠과 함께 보내다가 보면
어둠의 주먹에 맞아 피를 흘리고
어둠의 발길질에 넘어졌다가
몇 번이고 일어나 눈물을 흘린 자는
밤낮없이 눈물로 일어나
또다시 어둠의 바람에 넘어지지 않는다
밤낮없이 어둠과 싸우는 자
어둠과 싸워 물러서지 않는 자는
빛의 길을 찾아 떠난다
어둠과 맞서 끝내 이긴 자는
빛의 환한 얼굴이 보이고
빛의 크막한 손에 붙들려
빛의 길마다 피어난 꽃향기 속에서
어느 화창한 봄날에 소풍을 가듯이
빛의 영원한 길에 동행한다
빛의 길에는 어둠이 걸어오지 못하고
저 멀리 바라보는 어둠은
어느 날인가

인기척도 없이 산 너머로 떠난다

  15

깊은 밤에
홀로 일어나
눈물의 강물 속에서
씻어내는 자들은
빛의 손이
빛의 길 위에
내려놓는다

고향집에 가는 길

새벽마다
일러주는 길을 떠난다
오늘도 산 넘고 강 건너
길을 떠난다
어제 밤에는
소나기처럼 쏟아지는
눈물을 가득 모아
세상의 비바람에
무거워진 옷을 빨았으나
길을 나서면
무거워진 옷무게
무거워진 발걸음에
고향집에 가는 길은
멀고 먼 길이다

하나의 길

세상의 바람 속에서
출근하는 길이나
퇴근하는 길은
날마다 다르다

빛의 바람 속에서
출근하는 길이나
퇴근하는 길은
날마다 하나다

어느 날인가
마지막 눈물 위에 서서
또다른 두 길을 두고
하나의 길을 선택받는다

일어서는 길

늦은 밤에야
세상의 걸음을 멈추고
저 높은
빛의 말씀 위에
간신히 기어올라가
똑바로 섰더니
어둠 속에 누웠던 길이
일제히 일어서는
저 길을 보라
수만리 하늘문 앞까지
훤히 펼쳐 보이네

다시 태어나기

빛의 길 위에서
죽고
또 죽고
죽었더니
오늘의 길 위에서
태어나고
다시 태어나고
태어난다

신성희의 누아주

신성희의 누아주는
세상 속 어둠의 바람과 파도에
날마다 넘어져서 일어서지 못하는
누워서 하루하루 사는 우리들을
일으켜 세우는 노동으로
부활의 대문을 활짝 열어놓고
늘 푸른 생명의 길을 인도하고 있다

씨줄과 날줄을 엮었더니
하나님은 신성한 노동을 주시고
누워있는 것은 죽음이니
그림자가 없는 유령으로 숨쉬니
부활의 푸른 생명의 길 위에
일으켜 세우는 은총 속에서
우리들을 위한 고난의 노동은
쉼없이 계속 되고 있다

찢기고 다시 묶어지고
해체되고 다시 건설되고
혼돈 속에서 질서를 찾고
압축과 긴장으로

당김과 뭉쳐짐
거룩한 노동의 시간 속에서
날마다 세상의 어둠 속에 누워있는
우리들을 일으켜 세우고 있다

※ 신성희(申成熙·1948~2009년)는 재불화가로 기존 회화의 관점에서 벗어나 회화적 혁신과 차별성을 보여준 '누아주'의 창시자이다. '누아주'는 불어로 '맺기', '잇기'의 뜻을 지니고 있다. 신화백의 작품에서 일차적으로 '엮는다', '묶는다'는 제작방법을 지칭하게 되었다.

만남의 찬가
— 결혼식에

그대는 무슨 은총으로
이리도 어여쁜 신부 만났는가
그대는 무슨 은총으로
이리도 어여쁜 신랑 만났는가

이렇게 만나기 위해서
두 사람의 영혼은
얼마나 방황했는가
그대들은 무슨 은총으로
이리도 어여쁜 사람 만났는가
그대들은 무슨 은총으로
이리도 아름다운 사랑 만났는가

그대들의 만남은
그대들의 복이라네
그대들의 행운이라네
그대들의 만남은
하늘의 선물이라네
하늘의 축복이라네

이 축복을 마음껏 누리세

생명을 다할 때까지
영원히 누리세
그대들의 다소곳한 사랑
영원히 누리세

또다시 태어나기

새벽마다
사랑의 시뻘건 불덩이가
무성한 잡초들을 태운다
깊은 밤까지 돋아난
잡초까지 태운다
용광로에 녹이듯이
늦가을 논두렁을 태우듯이
활활 태워 버린다

새벽마다
빛의 집에서
빛의 정원에 피어난 수국처럼
또다시 피어난다.

제4부

오늘 나의 시詩는

당신의 순간
— 오늘의 창세기創世記 · 1

월급봉투를 받아들고
그리도 발걸음이 가벼웠던 것은
누구의 탓일까
세 발짝 만에
네 발짝 만에
꿈이 깨어진 것은 누구의 탓일까
하루의 만분지 일이나
십만분지 일쯤이나 되는 것일까
한 달의 백만분지 일이나
천만분지 일쯤이나 되는 것일까
    당신의 빛은
    노아의 방주 봉창이 환하던
    당신의 빛은
    하루만큼 환하고
    한 달만큼 환하고
    생명만큼 환하던
    당신의 빛은
그리고 세 발짝 만에
네 발짝 만에 천원짜리는
천원짜리가 되고
만원짜리는 만원짜리가 되고

만원짜리는 천원짜리가 되고
천원짜리는 백원짜리가 되고
애당초 상승이 없는 지폐의 운명
허수아비처럼 월급봉투가 가늘게 떨리다가
배신背信한 사랑의 편지처럼
산산조각 생활에 찢겨져 버리던
세 발짝 만의
네 발짝 만의 당신의 인생
그러나 당신은 생각하여라
하루의 만분지 일밖에 안되는
세 발짝의 순간이
한 달의 백만분지 일밖에 안되는
네 발짝의 순간이
한 달만큼 환하고
생명만큼 환하던
당신의 빛이 아닌들
당신의 방주는 잠기고 말았으리라
비바람 속에 잠기고 말았으리라
채 40일 가기 전에
채 한 달이 가기 전에
비바람 속에 잠기고 말았으리라

그 칠흑같은
어둠 속에 잠기고 말았으리라
세 발짝의 순간이 아니었다면
한 달의 백만분지 일밖에 안되는
네 발짝의 순간이 아니었다면
그리고 가벼운 발걸음의 순간이 아니었다면
40일 만의 빛이 아니었다면
인생은 어둠에 잠기고 말았으리라
칠흑같은 어둠에 잠기고 말았으리라

송사리
— 오늘의 창세기創世記 · 2

어제 밤 꿈에
송사리떼 몰려다니는
마알간 냇가를 보았다
바위틈에서 떨어지는
가는 물줄기를 향하여
꼬리를 치고 솟구치며
이리저리 몰려다니는
송사리떼를 보았다
그리고 송사리떼를 잡으려고
물속에 뛰어들어 첨벙거리는
벌거숭이 아이놈을 보았다
분명 나였다
저편에서 영길이도 첨벙거리고 있다
병아리 똥만한 송사리들
나와 영길이도
같이 놀고 있었다
아아 그것은 어제 밤 꿈이었다
내일도 꾸고 싶은 꿈이었다
언제나 한 번쯤은 한낮처럼
밝디밝게 꾸고 싶은 꿈이었다
우리 아기 눈망울처럼

맑디맑게 꾸고 싶은 꿈이었다
한낮에 사람들이 쫓아낸 꿈이었다
밤에나 도둑처럼
몰래 찾아오는 꿈이었다
홀로 밤에 잉태하여
남몰래 물속 어딘가에
숨어 사는 꿈이었다
그러나 송사리떼 몰려다니는
마알간 냇가에서
이리저리 첨벙거리는
벌거숭이 아이놈이 아니었다면
꼬리치며 솟구치는 송사리가 아니었다면
우리 아기 눈망울처럼
맑디맑게 꾸고 싶은 꿈이 아니었다면
어찌 겹겹이 쌓인 시간의 쓰레기 속에서
오늘 하루를 견뎌날 것인가
태초의 말씀같은 송사리떼가 아니었다면

나팔꽃
― 오늘의 창세기創世記 · 3

아내가 아프던 날
언덕배기를 내려가면서
비죽이 고개를 내민
나팔꽃을 보았다
나팔꽃의 여린 줄기는
몇잎 잎새를 달고
포플러나무를 기어오르고 있다
하늘을 향하여
구도構圖를 그리며 오르고 있다
어디서 어린 포플러나무와
자줏빛으로 불그레한 나팔꽃이
싱그러이 웃고 있다
파릇한 잎새는
바람에 한들거리고
한 송이 나팔꽃이
위로위로 구도構圖를 그리며
오르고 있다
이슬먹은 듯 맑게 빛나던
아내의 눈빛과
찌붓한 대지大地위에서
비를 기다리며

이 고독한 하늘가에서
오늘 아침
태초太初의 말씀을 들었다
병상病床에서 가느다랗게 웃어 보이던
아내의 눈빛처럼
하루의 생활을 걸어가고 있는
나의 발걸음처럼
비죽이 아내의 키만큼
솟아오른 포플러나무와
포플러나무를 기어오르고 있는
여리디 여린 나팔꽃이
태초太初의 중심中心을 향하여
원무圓舞하고 있다
서러움과 고독이야
밖으로 밀어내며
스스로의 원심圓心을 살고 있다

바 람
— 오늘의 창세기創世記 · 4

아내가 입원하는 날 아침
병원을 나오면서 나는
하나님께 빌었다
거리의 인파 속에 밀려가면서 나는
하나님께 빌었다
그때 어디선가 싱그러운 바람이
얼굴에 가득
마음에 가득 불어왔다
태초太初의 말씀이었다
어느 먼 바다의 곶岬에서 소리치는
태초太初의 말씀이었다
육신의 내부內部 깊은 데에서 불어오는
태초太初의 말씀이었다
꾀복동이 어릴 때 영산강榮山江 기슭에서
모래성을 일등으로 쌓아올렸을 때
코와 눈에 와닿던 바람이었다
아부지의 꾸중을 듣고
집을 뛰쳐나올 때
엄니의 손에 이끌려
집으로 돌아올 때
얼굴에 가득

마음에 가득 불어왔던
그 바람이었다
그러나 주主여
태초太初의 말씀이시어
우리가 주主께 기도드리게 된 것을
감사하나이다
저는 죄 많은 인간이오나
저의 작은 아내를 주主께 맡겨드린 것을
감사하나이다
어찌 저에게 그런 마음을 주시었나이까
어찌 우리 인간에게 그런 마음을 주시었나이까
어찌 저에게 이 못난 저에게
기도하는 마음을 주시었나이까
태초太初의 말씀을 주셨나이까

당신의 이 밤에

밤이 깊었습니다
창밖에는
당신의 환한 얼굴
눈을 비비며
다가섭니다
하루종일
뒤얽힌 기억 속에서
이제 파르르 떨리는
작은 생명
당신 곁으로 다가섭니다

밤이 깊었습니다
지금 누리는
당신의 고요 속에
잠들었습니다
꿈결같이
하느적거리는 꽃잎들과
파르르 나뭇잎 떨리는 소리
들려옵니다

밤이 깊었습니다

당신의 품에서
어여쁜 우리 아기
새근새근 잠이 들었습니다
사르르 바람결이
아기의 귓덜미를 스치고
이제 누리는
행복으로 가득합니다

오늘도 세수를 하면서

오늘은 무언가 오시려나 봅니다
지구는 먹구름이 밀려오고 있습니다
비가 아니면 눈이겠지요
하긴 돌멩이같은 우박이라도 두려워하지 않겠어요
고향에서는 무배추가 야단이라고들 하지만 두려워하지 않겠어요
지구의 어디에서 불어오는 핵먼지도 두려워하지 않겠어요
엊저녁 사장님의 눈초리가 사나웠어도 두려워하지 않겠어요
오늘도 이른 새벽 세수를 하였으니까요
세수를 하고 수건을 들면서 말했으니까요
— 주여 오늘도 새로 시작하겠습니다 늘 속고 넘어갔지만 오늘은 새로 시작하겠습니다 주는 우리에게 새로 보는 눈을 주셨으니까요 똥거름에 묻힌 보리싹이 새파랗게 솟아나는 것처럼 새로 보는 눈을 주셨습니다

기도집 祈禱集

  1
주여 저희에게 봄을 알리옵소서
만산滿山에 진달래 핀다고
조상祖上이 말하였나이다
벌써 짧은 겨울해가 저물고 있나이다
해가 저물면 또
내일을 잉태하나이까
독사의 혀처럼 웃어야 하는
내일을 준비하시나이까
주여 바라옵건대
오직 주의 봄을 알리옵소서
사시사철 돌아오는
봄은 싫사옵니다
눈초리와 눈초리들이
어느 거리에도
어른거리지 못하는
주의 봄을 알리옵소서

  2
주여 저희에게 봄을 알리옵소서
주의 육성肉聲으로 알리옵소서

깊이 잠든 저희들의 육성(肉聲)으로 알리옵소서
주의 육성(肉聲)이듯 봄을 일깨우소서
너무도 긴긴 겨울이었나이다
주여 작년같은 봄은 싫사옵니다
술에 취한 봄은 싫사옵니다
말만의 봄은 싫사옵니다
오직 육신(肉身)에 피는
말씀 주옵소서

  3
주여 저희에게 봄을 알리옵소서
조상(祖上)들의 먼 뒷산에는
진달래가 만발하였나이다
용광로의 불덩이처럼
저희를 불태옵소서
생애(生涯)가 불타는 순간이게 하옵소서
녹이 슨 고철(古鐵)일랑
남김없이 녹이옵소서
칡꽃처럼
가시와 가시로 얽힌 응어리
풀리게 하옵소서

당신처럼
십자가十字架는 싫사옵니다
주여 저희에게 봄을 알리옵소서
그러면 아지랑이 피는 언덕에 누워
실컷 잠이나 자겠나이다
못다 잔 잠이나
실컷 자겠나이다

그대 앞에서

　　1
밤이 깊은 지금
주님 앞에 구부렸습니다
그대가 별로 떠서
지켜보시는 이 한밤에
간간이 지나는
발자욱소리가 들립니다
방황하는 그 모습들이
눈에 선합니다
온종일
빌딩그늘에 멍든 제 얼굴이
거울이듯 환하게 비쳐 옵니다

　　2
밤이 깊은 지금
주님 앞에 구부렸습니다
그대가 높은 하늘에 가득
내려다보시는 이 밤에
어디선가 꽃봉오리들이
밀어를 속삭이고
나뭇잎 스치는 바람소리가

유난히 맑게 들려옵니다
그대의 오뇌懊惱이듯 울먹이며
마음 속속들이 들려옵니다

   3
밤이 깊은 지금
주님 앞에 구부렸습니다
그대가 온 가슴에 충만한 이 밤에
제가 누구인가를 비로소 알았습니다
어지러운 나날의 기억들이 사라지고
제가 누구인가를 비로소 알았습니다
우리가 살아서
행복이 무엇인가를 비로소 알았습니다

거울 앞에서

　1
세숫대 앞에
거울이 서있는 것은
잘못이다
거울 속에서
너의 어린 눈이 노려보고 있는 것은
더욱 잘못이다
오늘따라
너의 삐죽한 콧잔등이
더욱 욕심사납다
주여
용서하소서

　2
세숫대 앞에
거울이 서있는 것은
잘못이다
거울 속에서
힐끔 한번 찢어지게 쳐다보는 것은
더욱 잘못이다
오늘따라

너의 검게 탄 입술이
더욱 안타깝다
주여
용서하소서

   3
세숫대 앞에
거울이 서있는 것은
잘못이다
거울 속에서
십자가가 노려보고 있는 것은
더욱 잘못이다
검게 찍어붙인 눈동자가
더욱 을씨년스럽다
주여
용서하소서

우리의 기도

우리 모두의 주님
바람결에도 하늘의 뜻을
새기시는 주님
지금 우리는 어디쯤 살고 있나이까
바벨탑을 쌓고 있나이까
갈가리 찢겨진 마음들이
금송아지를 만들고 있나이까
십자가의 구속일랑 까맣게 잊고
소돔과 고모라를 더듬고 있나이까

우리 모두의 주님
우리를 버리지 마옵소서
눈곱만큼이라도
겨자씨만큼이라도
분수를 알게 하옵소서
회초리를 들으시고 피가 나도록
분수를 차리게 하옵소서

우리 모두의 주님
조상들의 저 가난한 마음이게 하옵소서
우리의 할아버지와 아버지처럼

땀흘리고 일하는
주님의 백성이게 하옵소서

이 민족을 일제의 굴레에서
건져주신 주님
굶주리는 북녘의 동포를 생각하게 하옵소서
주님을 빼앗긴 북녘을 생각하게 하옵소서
깡깡 얼어붙은 북녘의 창문들이
하나하나 열리도록 하옵소서

지금도 이 세상을
내려다보시는 주님
이 못난 백성을 돌아보시옵소서
이 어리석은 백성에게
슬기를 내리시옵소서

우리 모두의 주님
우리를 불쌍히 여기시옵소서
우리의 주님
평화의 주님

오늘 나의 시詩는

로마 병사의 애인이 군중에 몰릴 때
땅바닥에 주저앉은 예수를 아시는가
나의 시詩는 그 예수가 되고자 하네
거기 앉아서 예수는
군중이 던진 돌을 주워 들고
무엇을 썼는지 아시는가
아니지 쓴 것이 아닐세
그리셨다네
아주 서툴게
아주 서툴게
그리셨다네
해와 달
산과 나무
그리고 아담과 이브
무화과와 뱀을 그리셨다네
코흘리개 어린 아이처럼
의미도 없이 그리셨다네
아니 의미같은 건
처음부터 아랑곳없이
그리셨다네
해와 달

산과 나무
그리고 아담과 이브
무화과와 뱀을 그리셨다네
오늘 나의 시詩는
땅바닥에 주저앉은 예수가 되고자 하네

시詩가 쓰고 싶어지는 것은

이따금 아주 이따금
시가 쓰고 싶어지는 것은
잡지사의 청탁이나 시인인 체하는 짓은 말고
아주 이따금
시가 쓰고 싶어지는 것은
말같은 것이 싫어지기 때문이다
세상의 모든 말이 발병이 나서
가지도 오지도 못하기 때문이다
말이 말을 잃고 실어증에 걸려들었기 때문이다.
그래서 갑자기
세상의 말같지 않은 말이
의미도 모양도 색깔도 없는 말이
삶의 밑바닥에서
국경도 본 적도 없는 죽은 자의 공동묘지 속에서
고개를 쳐들고 울먹이기 때문이다

이따금 아주 이따금
시가 쓰고 싶어지는 것은
위대한 말이나 아름다운 말을 하고 싶어서가 아니다
아주 이따금
시가 쓰고 싶어지는 것은
세상의 모든 말이 죽도록 싫어지기 때문이다

그 예쁘고 똑똑하고 잘난 말들이 갑자기 썩은 생선처럼
코를 찌르기 때문이다
그래서 나의 말도 아니고
너의 말도 아닌
일찍이 말같지도 않은 말이 목구멍에서
사타구니 깊은 곳에서 성욕처럼 치밀어 오르기 때문이다

이따금 아주 이따금
시가 쓰고 싶어지는 것은
너를 감동시키거나 스스로 신명나지는 말고
아주 이따금
시가 쓰고 싶어지는 것은
네가 너에게
내가 나에게
배신한 사내처럼
실연한 아가씨처럼 미워지기 때문이다
그래서 다시는 그 어디에도 갈 데가 없기 떼문이다
세상의 그늘에 숨어있는
임의 말과 만나고 싶기 때문이다
진정 이따금 아주 이따금
아담과 이브의 유혹처럼
시가 쓰고 싶어지는 것은

이따금 글자가 없는 세상을 · 1
— 사랑의 노래 · 6

사람이 글자를
만들어 본 것은
하나님께서 만들어 놓은 이 세상을
이 자연의 생활세계를
더 좀 자상히
더 좀 가까이
보고 듣고 느끼고 싶어함이네
그 하나님의 사랑을
더욱 흐뭇하게
아기자기하게 맛보고 싶어함이네
더욱 아름답게
자랑하고 싶어함이네
그 실룩실룩하고 있는
아기의 눈망울을
하나님이 주신 사랑의 선물을
어찌 감탄없이
어찌 사랑없이
사랑을 말없이
음미만 하고 돌아설 수 있는가
그리하여 사람은 슬기롭게도
글자를 만들어 냈다네

그러나 사람이 만든 글자는
언제부턴가
하나님이 주신 선물을
그 사랑을 이리 주물고
저리 깨물고
온통 망가뜨려 놓고 있다네
사랑을 미움으로
감사하는 마음을
증오하는 마음으로
망가뜨려 놓고 있다네
그리하여 차라리
글자가 두렵다네
글자가 두려워 도망친다네

아내에게
— 사랑의 노래 · 8

아내가 급성디스크로
수술을 받고 있을 때
그대는 아는가 나의 마음을
형을 죽인 카인의 칼을 쳐들고
하나님께 대어들었다네
착하디 착한 주님의 종이
무슨 죄가 있다고
그 연옥煉獄의 고통인가
참으로 하나님의 말씀으로는
받아들여질 수가 없었다네
어떻게 그대의 인고적忍苦的 생활 때문에
수술까지 받게 된 병을
죄악시할 수 있는가
그것은 어처구니없는 말씀이네
그리고 연옥煉獄의 꼬불꼬불한 길을 기어 나오며
이 못난 종은
다시 하나님께 빌 수밖에 없었다네
이 연약한 인간이
또 어느 분에게 의지할 수 있는가
오직 크고 크신 하나님의 사랑밖에 없다네
우리의 행복은 하나님의 사랑이라네
깊고 깊은 은혜의 섭리라네

다시 아내에게
— 사랑의 노래 · 9

역시 사탄의 시험이었습니다
아내의 수술교섭이 뜻하지 않게
순조롭게 진행되는 것을
알게 되면서
저는 바로 그것을 직감했습니다
아내도 그 점에 대해서는
한 번쯤 깊이 생각해 둬야 합니다
우리가 결혼을 하고
세월이 흐르는 동안 우리는
하나님이 맡겨 주신 일들을
너무도 탈없이 순조롭게 해왔고
그만큼 하나님의 사랑을
독차지하고 있었습니다
우리가 차지하고 있는 하나님의 사랑을
사탄들은 시기하고 있습니다
그래서 아내가 회복되는 대로 우리는
하나님 앞에서 새로운 삶의 계획을
짜봐야 할 것 같습니다
이제까지 해오던 일은 물론
더욱 열심히 해야겠지만
우리와 같이 삶을 누리고 있는

이웃들과의 대화도
새로운 말의 시선視線이 준비돼야 하고
또한 우리 두 사람도 그와 같이
새로운 삶의 눈을
가져야 한다는 것을
깨닫게 된 것입니다
하나님의 사랑이
마음의 얼개가 되어
우리 두 사람의
새로운 삶의 시력視力이 되고
그 두 사람의 다소곳한 시력視力에서
전에 보지 못한
아름다운 세상이 탄생되기를
염원하고 싶은 것입니다

오늘의 세상은
― 사랑의 노래 · 10

저 울창한 아마존의 상류上流에
가 보았는가
벌써 삼림森林은 없다네
범을 잡아먹는다는
범도 없고
새를 잡아먹는다는
새도 없고
나비를 잡아먹는다는
나비도 없고
물고기를 잡아먹는다는
물고기도 없고
개미를 잡아먹는다는
개미도 없고
지렁이를 잡아먹는다는
지렁이도 없고
우뚝우뚝 귀신처럼
불귀신처럼
발전소가 서 있다네
발전소가 삼림森林이랑
동물이랑
꽃과 잎새들이랑

아름다운 곤충들이랑
우리 고향 잡아먹듯
잡아먹고 있다네
하나님의 섭리까지
모조리 잡아먹고 있다네

아프리카의 초원을 보았나
— 사랑의 노래 · 11

아프리카의 초원草原을 보았나
수많은 누우떼들이
천리길을 마다하지 않고
저마다 새끼 누우를 앞세우고
만리길을 마다하지 않고
새로운 초원을 찾아
저마다 새끼 누우를 앞세우고
뜨거운 땡볕을 마다하지 않고
터벅터벅 걷고 있는
누우떼들의 장관 보았나
엄마 누우의 배에서
막 태어난 애기 누우가
금세 초롱초롱 토박토박
엄마 누우를 따라 재롱부리며
뛰거니 걷거니 따라가고 있는
그 누우가족들의 모습 보았나
그 신성한 삶의 모습 보았나
이것이 자연이네
엄마의 사랑이네
하나님의 사랑이네
삶의 의지야말로

엄마의 사랑이네
하나님의 사랑이네
삶과 죽음을 초월한
삶의 의지야말로
생명의 자유라네
축복이라네
끈기라네
그 생명의 자유를 위하여
아프리카의 초원은
백년전에서 백년후까지
천년전에서 천년후까지
그렇게 이어지고 있다네
이것이 생명의 역사라네
엄마의 사랑의 역사라네
하나님의 사랑의 역사라네

회귀현상
― 사랑의 노래 · 12

우리가 아프리카의 초원을
또 보고 싶고
또 보고 싶은 것은
아무리 보고 보아도
이제 하나님의 초원을
다시 볼 길이
없기 때문이라네
인간의 문명文明이란 놈이
하나님의 초원을
갉아먹고 있기 때문이라네
모조리 구석구석
갉아먹고 있기 때문이라네

이른 봄에는 · 2
— 사랑의 노래 · 13

이른 봄에는
한강이라도 나가야 하네
봄바람이
울 엄니 젖향기를 품고파
아기의 눈망울이 보고파
날아오신다네
하나님께서 너에게 주신
유일한 속삭임이네
자연의 속삭임이네
울 엄니의 젖을 물고
울 엄니의 눈빛과 마주치는
아기의 눈망울은
얼마나 아름다운가
세상의 온갖
근심걱정 다 털어버리네
그 마음 찾으러
이른 봄에는
한강이라도 나가야 하네

사랑의 가정
— 사랑의 노래 · 14

사랑의 하나님
은혜의 하나님
평화의 하나님
이 세상을
사랑으로 지켜 주시는 하나님
은혜로 지켜 주시는 하나님
이 못난 하나님의 종들을
지켜 주시옵소서
하나님께서 주신 이 다소곳한 가정을
지켜 주시옵소서
하나님의 그 크고 크신
사랑의 섭리 속에서
그 깊고 깊으신
은혜의 섭리 속에서
다스려 주옵소서
하나님께서 베풀어 주신
이 다소곳한 가정을
그 사랑의 섭리 속에서 살게 하소서
그 은혜의 섭리 속에서 살게 하소서
인간의 행복한 삶은
오직 그 사랑의 섭리 속에서만

은혜의 섭리 속에서만
숨쉴 수 있고
기도할 수 있고
노래 부를 수 있다는 것을
깨우쳐 주시옵소서
이 세상의 누구도
그 사랑의 섭리를 깰 수 없고
그르칠 수 없다는 것을
일깨워 주시옵소서
하나님의 그 사랑만이
하나님의 그 은혜만이
영원하고 무궁하다는 것을
깨우쳐 주시옵소서
우리 가정은
이미 아내와 아들과 딸까지
하나님의 그 그지없이 따스한
사랑의 나래 속에 있나이다
은혜의 나래 속에 있나이다
그 사랑의 지혜로 감싸 주옵소서
그 은혜의 지혜로 감싸 주옵소서

창세기의 그리움
— 사랑의 노래 · 15

우리가 언제부턴가
아기의 알몸에
새의 깃을 달아
잠자리의 날개와 같은
새의 깃을 달아
천사를 삼고 있는 것도
하나님이 주신 선물을
그 사랑을
마음대로 망가뜨리기 때문이라네
차라리 한없이
아기의 알몸이고 싶다네
아기의 알몸으로
날고 싶다네
하나님의 사랑을
알몸으로 받고 싶다네
알몸으로 향유하고 싶다네
알몸이고 싶다네
세상의 때묻지 않은
아기의 사랑의 알몸이고 싶다네

내려놓기

이 세상의 모든 보따리를
내려놓고
또 내려놓는다
아들과 딸도 내려놓고
마지막의 눈물까지
내려놓는다
버릴 것도 없이
흔적까지 영산강 강물에
내려놓고
할아버지와 할머니
아버지와 어머니
그대를 만나러
내려놓고
새벽녘부터 불타는 그리움으로
서녘하늘 넘는 고개 위에서
이 세상의 옷도
내려놓는다

마지막 고개 앞에서

오늘 밤에도
단단하게 박힌 못을
눈물로 빼낸다
그대 가슴 깊숙이
날마다 박았던 못을 빼듯이
세상의 험한 고개 위에서나
넘고 넘을 때마다
그대들의 가슴 깊숙이
수없이 박았던 못을
마지막 고개 앞에서
하나 둘
눈물로 빼낸다
피가 흘러나오는 상처에
빛의 약을 바를 때마다
무거웠던 발걸음을
하나 둘
내려놓는다

그대에게 가는 길

오늘도 그대에게 가고 있네
세상의 무거운 보따리들을
하나 둘 내려놓고
떠난다는 인사도 없이
그대만을 향한 발걸음이네

세상의 비바람에
흔들리고 찢긴 상처를 싸감고
세상의 비바람에
남루한 옷도 벗어 버리고
새벽녘에 대문을 나서네

그대 외롭게 떠난 길을 따라
무섭고 깊은 계곡을 지나고
험한 산을 넘고 넘어
돌아오지 못할 강을 건너
그대를 향한 불타는 그리움으로
그대처럼 홀로 떠나는 길이네

세상의 험한 고갯길마다
흘렀던 눈물을

눈물로 닦고 닦으며
서녘하늘 노을빛따라
손짓하는 별빛따라
그대만을 향한 발걸음이네
이제는 그대곁이 멀잖아
오늘도 그대에게 가고 있네

동 행

내 영혼의 하늘에 그대는
초롱초롱한 별로 뜨나니
햇빛 쨍쨍한 대낮이나
달빛 하나 없는 컴컴한 밤에도
잠든 내 영혼을 깨우나니
세상의 잠 속에서 깨우나니
하늘나라 강마을 가는 길
가로등도 없는 골목길까지
훤히 훤히 비추고 있네

제5부

보라 새 것이 되었나니

새해 아침에

1
사랑의 주님
어지러운 한 해가 저물었습니다
그리고 오늘
새해 아침의 한강에는
북녘에서 날아온 오리 몇 쌍
은빛 물결을 저으며
주主의 포근한 사랑을 구가하고 있습니다
연약한 들오리의 꿈을
이뤄주소서 사랑의 주님

2
사랑의 주님
애타게 마음 졸이던 한 해가 저물었습니다
그리고 오늘
새해 아침의 창가에는
한 그루 동백의 빨간 봉오리에
주主의 사랑이 가득합니다
맑디맑은 봉오리의 기도
들어주소서 사랑의 주님

새해 아침의 기도·1

사랑의 주님
어둠의 한 해가 갔습니다
그리고 이렇게
밝아오는 새해 아침에
사랑의 주님 앞에
엎드렸습니다

주님이 곧 사랑인 것을
마음속에 가득 채우면서
이렇게 엎드렸습니다
사랑의 주님
가난한 우리에게
주님의 사랑을 주옵소서
서로가 사랑하는
마음만을 주옵소서

거짓과 갈등으로
일그러진 이 땅 위에
주님의 사랑을 주옵소서
사랑의 주님

이 한 해는
주님의 미소만을 주옵소서
사랑하는 마음만을 주옵소서
사랑의 주님

새해 아침의 기도 · 2

사랑의 주님
시나브로 새해가
밝아오고 있습니다
주님이 주신 이 생명
주님 앞에 경건히
새해 앞에 서 있습니다
새해에는
주님의 사랑이게 하소서
사랑의 채찍이게 하소서
사랑의 주님
새해에는
주님의 다소곳한 종이게 하소서
주님만을 찬미하는
기쁨이게 하소서
사랑의 우리 주님

여명黎明의 노래
— 새해 아침에

새해 새아침이다
건너 마을의 어둠을 깨며
동이 트는구나
지난 해의 부끄러운 기억들을
씻어 내듯이
어둠을 몰아 내듯이
동이 트는구나

새해 새아침이다
건넛마을의 어둠을 깨며
동이 트는구나
쌓이고 쌓인 부끄러운 기억들을
잊어버리라고
영원한 망각의 강물에 흘려보내라고
동이 트는구나

새해 새아침이다
건넛마을의 어둠을 깨며
동이 트는구나
오늘 아침까지 꿈인양 달라붙던
악마의 기억들을 잊어 버리라고
동이 트는구나

새해 새아침이다
건넛마을의 어둠을 깨며
동이 트는구나
너의 죄악도 빨리 깨어 버리라고
동이 트는구나
몸에 젖은 이 겨레의 죄악도
빨리 깨어 버리라고
동이 트는구나

새해 새아침이다
건넛마을의 어둠을 깨며
동이 트는구나
권력이 돈으로 둔갑한 이 겨레의 악몽도
이제는 좀 제발 깨어 버리라고
동이 트는구나
동이 트면
세상이 밝아지듯
너희들도 밝아지겠구나

새해 새아침이다
건넛마을의 어둠을 깨며
동이 트는구나

세계의 모든 이웃들이 그러하듯
모든 욕망의 악몽들일랑 깨어 버리라고
밝은 웃음으로 직장에 나가라고
동이 트는구나

새해 새아침이다
건넛마을의 어둠을 깨며
동이 트는구나
모든 이웃들과 이웃들이
모두 그러하듯이
신선한 가정의 꿈을 위하여
밝은 웃음으로 직장에 나가라고
동이 트는구나
아아
새해 새아침의 동이 트는구나

보라 새것이 되었나니
- 새해 아침에

오늘 아침의 태양은
어제의 태양이 아니다
창세기의 태양처럼
우주를 깨우고 깨우나니
들판의 앙상한 나뭇가지도
땅속의 잡초뿌리도
새날을 맞고 있나니
이전 것은 지나가고
보라 새것이 되었나니

어제 밤은 홀로 깨어나
발자국에 고인 한방울의 눈물을
밤새워 씻고 씻었나니
아픈 일을 기억하지 말라
헛디딘 발자국의 옛날 일을
생각하지 말라
이제는 이전 것은 지나가고
보라 새것이 되었나니

새날의 아침에
세상의 바다는 손짓을 한다

하늘의 만나를 건져 올리기 위해
돛을 올려라
출항하라 세상의 바다를 향해
새 일을 행하라
가득가득 만선으로 귀항할 것이니

영원한 하늘의 약속은
텅 빈 마음을 채워 주심이니
두려워 말라 그 약속의 길을
서성이지 말고 가라
텅 빈 마음을 채워 주심이니
약속의 사랑이어라

활활 타올라라, 너의 가슴
— 영원한 3·1절을 맞으며

잊지 마세요 기미년 3월 1일
그 만세의 함성소리
그 함성소리 바다의 침묵으로 흐르나니
한라산 골짜기에서 압록강과 두만강 기슭까지
터져나간 그 광음같은 함성소리
침묵으로 흐르고 있나니

잊지 마세요 그 태극기의 물결
입에서 입으로
학교에서 학교로
거리에서 거리 거리로
삼천리 강산에 꽃다운 태극기 물결
그 물결 그 슬기를
총칼에 찢기우던
그 가슴 그 버선발을

잊지 마세요 퍼렇게 멍들던 원망의 세월을
당신의 할아버지
당신의 할머니가 머리채 잡히고 끌려가던 그날
당신의 아버지와 어머니가
당신의 형님과 누이를 앞세우고

간도땅으로 떠나던 모습을
땅을 치고 하늘을 원망하던 그 옛날 모습을
그 모습 지금도 보이나니

잊지 마세요 당신의 기미년을
당신의 하나님이 내려보고 있나니
당신의 손에서 번득거리는 권력
당신의 몸에서 코를 찌르는 기름냄새
어디 그것들이 당신의 것인가를

잊지 마세요
당신의 하나님이 지켜보고 있는
당신의 역사

오늘도 그리스도 눈은
— 부활절 아침에

님이 오실 때마다
너는
몸살을 앓는다고 했더냐
   오직
    침묵이신
    그리스도

님이 오실 때마다
너는
마음을 비운다고 했더냐
   너희들
    가시덩굴 같은 입

님이 오실 때마다
진정
그리스도의 미소를 보였더냐
   부용芙蓉같이
   만월滿月같이
   오직
   하나의 침묵沈默

부활의 노래 · 1

당신은
고난을
파종播種처럼
뿌리셨나이다

당신은
고난이
생명生命인 것을
이 땅 위에
심으셨나이다

오직
고난이
당신인 것을
당신이
생명生命인 것을
파종播種처럼
뿌리셨나이다

부활의 노래 · 2
— 부활절 아침에

할렐루야 죽음을 당당하게 이기고
예수 부활하셨네 할렐루야
창세기이후 누구도 이기지 못하는
십자가의 모진 고통과 아픔을 이기고
창세기이후 누구도 이기지 못하는
십자가의 모진 멸시와 배신을 이기고
우리 앞에 당당한 모습으로
부활한 이 아침의 예수를 노래하라
온누리 구석구석까지 퍼지도록
모두 나와 힘차게 노래하라

할렐루야 죽음을 당당하게 이기고
예수 부활하셨네 할렐루야
창세기이후 누구도 죽음을 이기지 못하고
한 줌의 흙으로 사라진 이 아침에
누구도 열지 못한 돌문을 열고
우리 앞에 당당한 모습으로
부활한 이 아침의 예수를 찬양하라
온누리 구석구석의 누구나 듣도록
모두 나와 힘차게 찬양하라

할렐루야 죽음을 당당하게 이기고
예수 부활하셨네 할렐루야
하늘나라 밝은 길의 대문을 촬짝 열어 놓고
아무나 걸어가도록 길을 열어 놓은
부활한 이 아침의 예수를 증거하라
온누리 구석구석까지 찾아가
죽음에서 부활한 예수를 증거하라
죽음에서 승리한 예수를 증거하라

할렐루야 죽음을 당당하게 이기고
부활한 이 아침의 예수를 노래하라
할렐루야 죽음을 당당하게 이기고
부활한 이 아침의 예수를 찬양하라
할렐루야 죽음을 당당하게 이기고
부활한 이 아침의 예수를 증거하라
예수부활의 놀라운 기적을 보지 못하고
예수부활의 기쁜 소식을 듣지 못하는
세상의 어둠과 놀고 있는 눈과 귀에
부활의 빛으로 어둠을 씻어내라
부활의 빛 속에서 집을 나서고
세상의 어둠 속에서 귀가하는 길에

부활의 빛을 훤히 비춰라

남과 북이 으시렁거리는 어둠 속에
부활의 빛을 구석구석에 비추고
부활의 빛이 주는 사랑으로 얼싸안아라
남과 북이 손에 손을 잡아
백두에서 한라의 마을마다 태극기 휘날리고
어둠의 마을마다 세우는 십자가에서
밤낮없이 부활의 빛을 비추는
남과 북이 승리하는 아침을 위해 기도하라

승리의 노래
— 부활절 아침에

할렐루야 예수 부활하셨네
이 아침에 승리의 노래를 부르는 사람들은
마음속 깊이깊이 뿌리내린 죄를 씻어내고
사망의 두툼한 문을 열어
생명의 세상을 맞이하고
어둠의 억압에서 해방되네
이 아침에 승리의 노래는
기쁨의 세상을 맞이하고 있네

할렐루야 예수 부활하셨네
축복의 세상이 열리는 이 아침에
어둠의 세상을 비추는 빛을 보라
병석에 누워있는 사람아
감옥에 갇혀있는 사람아
거리를 떠도는 나그네된 사람아
굶주리고 헐벗는 사람아
이 아침에 생명의 빛을 보라
소망과 사랑의 길로 인도하고 있네

할렐루야 예수 부활하셨네
평화의 세상이 열리는 이 아침에

온누리에 승리의 노래 가득한 축제에 오라
거짓과 두려움의 옷을 훌훌 벗어 버리고
부정과 증오의 세상을 떠나
이 아침에 열리는 사랑의 세상으로 오라
화해의 깃발을 높이 들고
통일의 문을 열고 있나니
이 아침에 평화의 세상으로 오라

할렐루야 예수 부활하셨네
어둠의 세상 구석구석에 울려퍼지는 이 아침
노래하라 승리의 노래를
노래하라 기쁨의 노래를
노래하라 생명의 노래를
노래하라 소망의 노래를
노래하라 화해의 노래를
어둠의 세상 구석구석에서 노래하라
빛의 세상이 밝아오고 있나니
노래하라 예수 부활하셨네 할렐루야

오직 당신들이기에
— 현충일에

당신들 없이
우리의 민족을 생각할 수 있는가
당신들 없이
우리의 역사를 생각할 수 있는가
당신들 없이
우리의 자유를 생각할 수 있는가
당신들 없이
대한민국을 생각할 수 있는가
당신들 없이
오늘의 나를 생각할 수 있는가
그러나 당신들 없이
어찌 이 땅에 주主의 종소리 울리겠는가
오직 당신들이기에
이 땅에서 숨쉬는
너와 나
오직 당신들이기에
하느적 하느적 잠들고 있는
우리 아기

유월六月과 십자가十字架

6월에는
남南에서
북北으로
죽은 아버지를 생각하여라

무엇이 너를 다구쳐
총을 겨누게 하였는가를 생각하여라

6월에는
남부여대男負女戴하고
남南으로 남南으로
흩어져 내려간 어버이를 생각하여라

가슴에 십자가十字架 안고
오직 예수의 모습을 그리며
남南으로 남南으로
달리던 어버이를 생각하여라

지금 너의 가슴에
그 십자가 살아 있는가
지금 너의 가슴에

그 기도소리 들리는가

6월에는
남南의 말
북北의 말
하늘에 띄워 버리고
오직 십자가의 말씀 생각하여라

6월에만은
너의 오늘을
겨레의 원점으로 돌아가게 하여라

감사의 기도
— 추수감사절 아침에

   1
사랑의 주님
감사합니다
오늘 아침상에 오른 하얀 쌀밥이
더욱 하얗게
더욱 포근하게 은혜로웠나이다
주님의 사랑이 온 가족 얼굴과 얼굴에
가득하였나이다
사랑의 주님
이 마음 지켜 주시옵소서

   2
사랑의 주님
감사합니다
오늘 아침상에 오른 된장찌개가
더욱 풍성히
더욱 다소곳이
부글부글 끓고 있더이다
한입 한입 두부덩이가
주님의 사랑이 향그롭고
감미로이 온몸에 퍼지나이다

사랑의 주님
이 마음 지켜 주시옵소서

   3
사랑의 주님
감사합니다
오늘 아침상 앞에서
돌아가신 아버지와 어머니를
보았나이다
밀레의 그림에서
황금의 들녘에 서서
일손을 놓고 고개 숙이고 있는
아버지와 어머니를 보았나이다
주님의 사랑이 가득하더니이다
사랑의 주님
이 마음 지켜 주시옵소서

감사절의 노래

농악이 여저기
울려 퍼지고
모내기가 바쁘더니
밤낮없이 빗줄기 퍼붓고
온 들판이 강바닥이더니
오직 '주여!' '주여!' 소리가
여저기 울먹이더니
어느덧 추수감사절이다
오늘밤 온 가족이
옹기종기 모여
할아버지 허리가
굽어진 이야기를 하자
논두렁에 핀 샛밥이야기
하이얀 앞치마에
빗방울같은 땀방울
울 엄마 이야기를 하자
높은 하늘
아이들 가을노래도
싱그러워라
주여
주님의 사랑이어라

지금 너희 가슴에는
— 아기 예수 오신 날에

　동방박사는 별을 보고 찾았더이다 그리하여 사납고 어지러운 지구촌들을 가로질러 마침내 천하디 천한 이스라엘의 구유간에서 아기 예수를 찾았더이다 모든 왕들도 내버리고 모든 병정들의 말발굽이 아랑곳도 하지 않는 천하디 천한 구유간에서 일찍이 황야의 요한에게 내리신 계시를 찾았더이다 오직 가난한 마음에 깃드시는 주님을 찾았더이다 그러나 오늘 다시 아기 예수 오신 날에 이 차가운 한국의 세모에 그날의 동방박사는 어디에 있더이까 그리도 아름답게 천하디 천한 아기 예수의 구유는 지금 어디에 있더이까 왕들의 옥좌 아래 만들어 놓은 화려한 모조품 구유 병정들의 말발굽소리에 자지러드는 아기 예수의 울음소리 지금 우리는 어디를 헤매고 있더이까 모두가 스스로의 왕가에 아기 예수의 구유를 만들어 놓고 너희 가슴 속에 비싸디 비싼 모조품 구유를 만들어 놓고 너희 가슴 속에 비싸디 비싼 모조품 아기 예수를 만들어 놓고 아아 또다시 새해를 맞더이다

찬양하라 아기 예수
— 성탄절에

찬양하라
이 추운 겨울
구유에 누운 아기 예수
찬양하라

세상의 어둠을
혼자서 가득 안고
구유에 누운 아기 예수
찬양하라

거리마다
골짜기마다
넘치는 사랑으로
너의 가난
나의 가난
거두는 아기 예수
찬양하라

하늘에는 영광
땅에는 평화가
도도히 강물처럼

밀려오는 이 밤에
너와 나의 어둠을
사르는 아기 예수
찬양하라
찬양하라

기 적
— 성탄절 밤에

예수님은 기적처럼 태어나신다
마굿간처럼 외롭고 서러운
어둠의 이 땅에 태어나신다
이스라엘처럼 어리석고 어지러운
어둠의 이 땅에 태어나신다

예수님은 기적처럼 태어나신다
깊고 깊은 이 밤에
소련의 작은 농촌에서
중국의 가난한 어촌에서
북한의 진남포나
원산의 공장촌 어린애가
소리없는 목소리로
애타게 부르는 성탄절노래
은은하게 들리지 않느냐

길고 긴 어둠 속에서
기적처럼 태어나시는
예수님의 그윽한 목소리
들리지 않느냐
예수님은 기적처럼
어둠의 이 땅에 태어나신다

성탄절 밤의 기도

예수님은 오늘밤
세상의 별빛으로 오신다
갈망하는 자여
복되도다

예수님은 오늘밤
동방박사의 눈빛으로 오신다
갈망하는 자여
평화롭도다

예수님은 오늘밤
너의 기도하는 마음으로 오신다
갈망하는 자여
이뤄지도다

예수님은 오늘밤
시름겨운 너의 작은 창문으로 오신다
갈망하는 자여
기쁘리도다

예수님은 오늘밤

마음이 가난한 사람으로 오신다
갈망하는 자여
채워지도다

예수님은 오늘밤
나뭇잎처럼 떨리는 마음으로 오신다
갈망하는 자여
축복하도다

세모歲暮의 기도

   1
주여
또 한 해
주의 세월이
저물고 있나이다

모두들
예쁘게 차리고
크리스마스의 노래가
유난히도
맑고 아름다웠나이다

주여
이 땅의 세모歲暮를 내려다보시는
주여
어찌 그리도
시름이 깊으시나이까

예나 지금이나
말씀이
없으신 주여

또 한 해
주의 세월이
저물고 있나이다

  2
하늘에 계신 주님
지금 저희는 어디로 가고 있나이까
어지롭고 시름에 겨운 무리 일으켜 주소서
어젯밤 저희는 악몽에 시달렸나이다
그리하여 세 번 잠에서 깨어
주님 앞에 엎드렸나이다
주님밖에 없기에
오직 주님

하늘에 계신 주님
아직도 저희는
주님의 말씀을 듣고 있나이까
증오가 증오를 물고
굶주린 이리떼처럼
서로가 서로를 헐뜯고 있나이다
그리하여 세 번 잠에서 깨어

주님 앞에 엎드렸나이다
오직 주님밖에 없기에

하늘에 계신 주님
아직도 저희는 주님의 역사를 살고 있나이까
불면의 삼백 예순다섯날이 다 가고 있나이까
이 밤이 가기 전에 주님의 슬기를 주시옵소서
주님이 우리를 용서하신 것처럼
우리가 서로 우리를 용서하는 슬기를 주시옵소서
그리하여 오직 주님의
새로운 삼백예순다섯 날이 열리게 하옵소서

　3
사랑의 주님
우리는 지금
한 해의 마지막 달력을 뜯고 있습니다
거리마다 자선남비소리 울고
거리마다 크리스마스송 울고
사람들의 발걸음은
더욱 찬바람이 불고 있습니다

사랑의 주님
이 겨울을 지켜 주시옵소서
옛날 모세에게 가르치신 것처럼
헐벗고 굶주린 백성들에게
한 움큼씩만
한 움큼씩만
만나를 베풀어 주시옵소서
한 움큼씩만 만나를 가져가도록
그 마음 베풀어 주시옵소서

   4
사랑의 주님
이 한 해의 마지막 달력 한 장이
집집마다 거리마다 나라마다 겨레마다
주님의 지극한 사랑 앞에 다소곳이
고개 숙이고 있습니다
한 세기 동안 지구 곳곳에 휘몰아치던 바람소리도
주님의 무한한 사랑 앞에 다소곳이
고개 숙이고 있습니다
폴란드와 헝가리에서
체코와 모스크바에서 모든 고난의 백성들이

주님의 사랑을 박차고 달아난 권력의 무리들이
주님의 차별없는 사랑 앞에 다소곳이 돌아와
고개 숙이고 있습니다
사랑의 주님
참으로 놀라운 한 해였습니다 백년간의 모반과 유혹이 이
한 해와 더불어 청산될 줄을 어찌 사람의 슬기가 예측이나 했
던가요 주님의 사랑이 아니고서 어찌 꿈엔들 바랄 수가 있을
까요 주님의 사랑이 아니고서 어찌 주님께서 고루 사람에게
베풀어주신 그 사랑의 슬기를 일깨울 수가 있을까요
사랑의 주님

5
사랑의 주님
백 년의 역사를 하루 아침에 뒤바꾸시는 사랑의 주님
이 아름답고 벅찬 감격의 한 해가 다 가고 있습니다
이 슬프고 안타까운 한 해의 기억들을
모두 거두어 주소서
이 어둡고 답답한 백성의 어지러운 행적일랑
무서운 채찍으로 거두어 주소서
엊그제 같은 길고 긴 보리고개의 한을 잊고
엊그제 같은 역사의 외세침략을 잊고

엊그제 같은 동족상잔의 아픔을 잊고
사랑의 주님을 버린 총칼 앞에서 신음하는 북녘의 형제를 잊고
금송아지들이 집집마다 마음마다 판을 치는
이 어리석은 백성을 무서운 채찍으로 거두어 주소서
사랑의 주님
이 어리석은 백성을 용서하소서
이 백성 모두에게 가난한 마음을 일깨우소서
땀흘려 일하는 마음을 일깨우소서
주님의 사랑을 일깨우소서

6

주여, 또다시 한 해를 보내고 있습니다
찬바람만이 우짖는 거리마다
자선남비가 울고
크리스마스캐롤마저 멀리 떠나고 있습니다

주여, 또다시 한 해를 보내고 있습니다
새해 아침부터 쌓았던 탑은
아직도 시간과 정성을 기다리고
게으른 손과 발을 원망하고 있습니다

주여, 또다시 한 해를 보내고 있습니다
이웃끼리 두툼한 벽만을 쌓고
오늘 하루도 질투로 보내 버렸습니다
오직 스스로만이 훨훨 날려는
컴컴한 왕국만을 만들고
이웃을 먼 산 바라보듯
그냥들 스쳐가는 바람으로 귀가하고 있습니다

주여, 또다시 한 해를 보내고 있습니다
찬바람만이 온 세상을 뒤덮고
어디든 서로가 서로를 감시하고 있습니다

주여, 이 세상을 지켜 주시고
사랑과 평화가 북녘까지 강물처럼 넘치는 세상
벽과 벽, 3·8선의 철조망을 녹이는
주의 뜨거운 사랑을 주옵소서

7

사랑의 주님
또 한 해가 저물고 있습니다
참으로 어지럽고 험난한 한 해였습니다

그리고 이제는 주님 앞에 돌아왔습니다
주님을 세 번 속인 베드로처럼
바로 우리 주님 앞에 앉아 있습니다

사랑의 주님
오늘 아침에 집을 나오면서
까치와 참새가 한 겨울의 아침햇살을 받으며
어우려 노는 것을 보았습니다
참으로 자연은
노아의 기적이 그러하듯
주님의 은혜가 가득합니다

해방의 주님
북녘의 하늘아래 자유를 주옵소서
시달리고 굶주리고 있는 우리 겨레에게
해방을 주시옵소서
먹고 남는 우리 쌀을 보내 주옵소서
입고 남는 우리 옷을 보내 주옵소서
저들의 죄악을 용서하시고
주님의 사랑 속에 품으소서
주님의 나라로 돌아오게 하소서

구원의 주님
주님을 배반하고 인류파멸을 꿈꾸고 있는
저 흉악한 핵무기를 버리게 하소서
생명을 노리는 저 화학무기를 버리게 하소서
이 공포에 떨고 있는 백성을 구하소서

은총의 주님
쌓이고 쌓인 거짓과 죄악을 망각한 채
한 해가 저물고 있습니다
먹고 마시고 흥청대다가
한 해가 저물고 있습니다
백만원짜리나 천만원짜리 지폐가 난무하는
한 해가 저물고 있습니다
내것 먹고 쓰는 행복한 슬기를 내리소서
다소곳하고 가난한 마음을
함박눈처럼 내리소서
그 모든 거짓
그 모든 죄악
마지막 달력처럼 떼어버리게 하소서
주님의 백성이게 하소서

용서의 주님
이 어리석은 기도를 받아 주옵소서
삼백예순 날 주님을 외면한
마음의 찌꺼기를 털어 주시옵소서
말끔히 씻어 주시옵소서
그리하여 새로운 주님의 한 해를
열어 주시옵소서
이 땅에 사랑의 역사를 펼쳐 주시옵소서

   8
사랑의 주님
주님의 한 해가 또다시 저물어 갑니다
참으로 어지럽고 안타까운 한 해였습니다
무수한 주님의 종들이 주님의 이름으로
주님을 속이고 스스로를 속였습니다
무수한 주님의 종들이 주님의 이름으로
주님을 괴롭히고 스스로를 괴롭히고 있습니다

사랑의 주님
이 어지러운 죄를 용서하소서
우리가 가는 길은 또 없나이다

우리는 오직 주님을 통해서 내일을 바라볼 뿐
또 다른 길은 없나이다
주님의 영원한 말씀을 팔아먹은
죄인을 용서하소서
사람의 모습으로 오시리라는 주님의 말씀을
사욕으로 팔아먹은 죄인을 용서하소서

사랑의 주님
주님의 축복을 휴거로 팔아먹은 죄인들을 용서하소서
주님의 재림을 주님의 영원한 말씀이게 하시고
주님의 영원한 부활이게 하소서
그리고 무엇보다도
우리 모두의 영원한 축복이게 하시고
영원한 희망이게 하시며
영원한 기도이게 하시고
영원한 찬양이게 하소서
영원한 하루하루의 시간과
시간의 기쁨이게 하소서

사랑의 주님
어지러운 한 해 속에서도

주님은 우리에게 은혜를 잊지 않으셨습니다
주님의 귀한 쌀을
우리의 굶주린 북녘 동포에게도 보내 주시고
기아지경의 아프리카에도
월남의 난민들에게도 보내 주셨습니다

사랑의 주님
주님의 이 은혜가 영원히 이어지게 하소서
그들 어려운 동포들의 마음에
주님의 사랑으로 열리게 하소서
그리하여 주님의 축복이게 하소서
사랑의 주님
주님의 사랑이게 하소서

9
주님, 한 해가 저물고 있습니다
참으로 놀랍고 시끄러운 한 해였습니다
죄악과 증오가 얼룩진 한 해였습니다

이제는 주님을 바라보며
주님과 마주 앉아 있습니다

어지럽고 시끄러운 한 해의 기억을
창 너머에 버려두고
이렇게 홀로 주님을 뵙고 있습니다

주님의 사랑만이 따뜻함으로 다가오는
이 시간에
주님을 향한 참회의 마음입니다
주님의 영광보다 나의 영광을 위한 한 해였습니다
오직 나를 위한 생활만을 일삼았습니다
그러나 웃음보다는
눈물이 더 많았던 한 해였습니다

사랑의 주님
한 해가 저무는 이 밤에도
이 세상은 어둠만이 자욱이 깔려 있습니다
질투와 시기의 어둠 속에서 헤매고 있습니다
무지의 진흙탕을 헤매고 있는
이 민족을 용서하소서
얽히고 설킨 마음들을 풀어 주시고
주님의 사랑으로 심어 주소서
오직 주님의 사랑으로 심어 주소서

사랑의 주님
이 어리석은 민족을 용서하소서
밥먹듯이 도둑질하는 무리들은
보이는 것마다 떼어 먹고 뺏어 먹는
이 어리석은 무리들을 용서하소서
그리고 그들을 남의 일인 듯
뭇매질하고 비웃는
이 어리석은 무리들도 용서하소서
주님의 품에 안으소서

사랑의 주님
아직도 굶주림과 추위에 허덕이고 있는
북녘의 우리 동포를 버리지 마옵소서
이 땅에 사랑과 평화를 베푸시옵소서
사랑의 주님

10
한 해가 저무는 이 밤에
사랑의 주님을 바라볼 수밖에 없습니다
그렇게도 주님만을 외쳤지만
하늘에는 구름만 잔뜩 끼고

그렇게도 기다리던 비가 안 오는 날들이었습니다
모두의 마음 속은 쩽쩽 갈라지고
답답하고 불만만 쌓이는 날들이었습니다

사랑의 주님
이 땅에는 아직도
안개 속에 갇혀 헤매고 있습니다
사랑의 주님
이 땅에는 아직도
모였다가 헤어지며 헤매고 있습니다
사랑의 주님
이 땅에는 아직도
이리저리 오락가락하며 헤매고 있습니다
사랑의 주님
이 땅에는 아직도
한 패가 되다가 배척하며 헤매고 있습니다
사랑의 주님
이 땅에는 아직도
서로를 미워하고 배반하며 헤매고 있습니다
사랑의 주님
이 땅에는 아직도

주님의 사랑을 깨닫지 못하고 있습니다

사랑의 주님
주님을 외면한 이 땅에는
거짓과 허위가 난무하고
거짓과 허위의 짙은 안개 속에서
앞길을 분간하지 못합니다
사랑의 주님
주님이 안타깝게 부르는 소리를 듣지 못하고
이리저리 오락가락하고
주님의 목소리마저 외면하는 세상입니다

한 해가 저무는 이 밤에
사랑의 주님만 의지할 수밖에 없습니다
구름만 잔뜩 낀 하늘에서
이 땅에 재해를 휘몰고 오는 폭풍우가 올 것 같습니다
한 마리 양을 찾으신 사랑의 주님
아직도 헤매는 이 땅을
사랑으로 사랑으로 안아 주셔야 합니다

빛의 길 위에서
— '생명의 빛' 예배당*에서

세상의 바람과 파도에
밤낮없이 두들겨 맞아
이대로 누워있으면 죽음이니
일어나라 일어나라
빛의 다정한 음성이 들린다

세상의 바람과 파도에
밤낮없이 짓눌리고 눌려
누워있으면 영원한 죽음이니
꼿꼿하게 일으키는
빛의 크막한 손길을 보라

세상의 어둠 속에서
꼿꼿하게 일어나
빛의 길 위에 섰나니
하늘 가는 멀고 먼 길이
어둠 속에서도 훤히 보인다

* '생명의 빛' 예배당은 경기도 가평군 설악년 봉미산안길 338-32 생명의 빛 예수마을에 있다. 남서울교회와 남서울은혜교회를 개척한 홍정길목사가 예수마을을 세우고, 프랑스 그르노블대학교 신형철 교수가 러시아산 홍송紅松 830개를 주재료로 설계해 건축했다. 세계 9대 종교건축물로 선정되기도 했다. 현재 하 룡 목사가 시무하고 있다.

사랑과 축복의 길
— 아름다운교회*에 오면

세상의 눈물골짜기를 지나
아름다운교회에 오면
사랑의 손길이
꼬옥 안아 줍니다

세상의 눈물골짜기를 지나
아름다운교회에 오면
축복의 만나를
가득 담아 줍니다

세상의 눈물골짜기를 지나
아름다운교회에 오면
하늘 가는 밝은 길을
훤히 보여 줍니다

아름다운교회는
사랑으로 세상의 눈물을 닦아주고
축복으로 우리의 가난을 몰아내고
하늘 가는 길의 등불입니다

아, 아름다운교회는

아름다운 나무가 자라나고
아름다운 꽃이 피어나고
아름다운 열매가 익어가는
사시사철 사랑과 축복의 교회입니다
하나님의 나라입니다

* 아름다운교회는 한준택목사가 설립해 목회하고 있으며, 2002년 4월 서울 강동구 성내동 103평의 예배당을 경기도 김포시 양촌면 구래리 511-1 605평 대지로 이전한 교회이다.

성령의 계절
— 한국오순절교회협의회 한영훈회장님 취임에

성령의 계절이 무르익는 오늘이다
영원의 벌 나비가 여저기 오가는 마을마다
성령의 꽃이 무더기로 피어나고
성령의 향기가 가득한 마을마다
성령의 나무가 아름드리로 우거지고
성령의 열매가 주렁주렁 열리는 오늘이다

이 땅에는 성령의 물이 넘실거린다
이 땅에는 성령의 산소가 가득하다
이 땅에는 성령의 바람이 불어온다
이 땅에는 성령의 햇빛이 비춰온다
이 땅에는 사시사철 성령의 계절이다

오라, 어둠 속에서 길을 잃은 자여
성령의 밝은 길이 여기 있나니
오라, 어둠 속에서 병든 자여
성령의 치유가 여기 있나니
오라, 어둠 속에서 가난한 자여
성령의 축복이 여기 있나니
오라, 어둠 속에 갇힌 자여
성령의 자유가 해방을 주나니
오라, 성령의 축복이 가득한 마을로 오라

이 땅에 활활 타오르는 성령의 불길을 보라
너의 죽음을 생명의 길로 인도하나니
이 땅에 활활 타오르는 성령의 불길을 보라
깊은 잠에 빠진 교회를 깨워 일으켜 세우나니
이 땅에 활활 타오르는 성령의 불길을 보라
병든 사회를 밝은 사회로 치유하나니
이 땅에 활활 타오르는 성령의 불길을 보라
이 어둠의 역사를 진리의 시대로 열고 있나니
성령의 마을 1번지에 활활 타오르는 불길을 보라

오늘은 성령의 지팡이로 어둠의 나를 부른다
오늘은 성령의 지팡이로 어둠의 너를 부른다
오늘은 성령의 지팡이로 어둠의 민족을 부른다
오늘은 성령의 지팡이로 어둠의 역사를 부른다
보라, 성령의 지팡이가 성령의 길로 인도하나니
보라, 성령의 지팡이가 성령의 계절을 꽃피운다

복음의 걸음으로 왔나니
— 엄정묵목사님 회갑에

세상의 어둠이 자욱한 마을마다
복음의 빛을 비취었어라
어둠 속에 잠든 영혼을 깨우는
사랑의 걸음으로 왔나니
복음의 새벽을 소망한 걸음이었어라

비바람치던 여름날의 마을마다
복음의 꽃을 가꾸었나니
눈물과 땀의 손길로 가꾸었나니
복음의 열매를 추수하기 위하여
무지개 피는 가을을 준비한 걸음이었어라

까마귀떼 웅성되는 복음의 마을마다
사랑의 걸음으로 찾아갔나니
손과 손을 마주잡는 사랑의 마을을 위하여
어제 밤도 화해의 지친 걸음이었어라

세월의 거리마다 흘렸던 눈물과 땀은
어둠의 세상 속에 등대처럼 길을 비췄나니
세월의 거리마다 흘렸던 눈물과 땀은
어둠의 마음속에 사랑의 꽃을 피웠나니

세월 속에 흘린 눈물과 땀의 걸음마다
하늘의 사랑과 은혜였어라

이제는 거울 앞에 앉은 신부처럼
복음의 화장을 준비하고
어둠의 마을로 떠나는 걸음마다
지친 영혼을 사랑하기 위한 걸음마다
오늘도 하늘의 사랑과 은혜는 끝이 없어라

보라 활활 타오르는 성령의 불길을 보라
— 한국기독교 성령 100주년 기념대회에

보라 활활 타오르는 성령의 불길을 보라
평양의 장대현교회에서 타오른 불길이
한라에서 휴전선의 마을마다 타오르고
푸른 성령의 계절이 다가오고 있다

보라 활활 타오르는 성령의 불길을 보라
어둠의 폭풍우 세월 속에서도 꺼지지 않는 불길이다
보라 활활 타오르는 성령의 불길을 보라
어둠의 역사 속에서도 피와 눈물로 지킨 불길이다
보라 활활 타오르는 성령의 불길을 보라
어둠의 세상 속에서도 하늘 가는 길을 비추는 불길이다

어둠의 세상에서 어둠과 함께 가정을 만들고
어둠의 세상에서 어둠과 함께 사회를 만들고
어둠의 세상에서 어둠과 함께 역사를 만들던
어둠 속에 어둠과 함께 떠도는 영혼이여
보라 활활 타오르는 성령의 불길을 보라
어둠의 세상 속에서 어둠을 태우는 불길이다

어둠의 세상과 함께 형제를 죽이고
어둠의 세상과 함께 교회를 부수고

어둠의 세상과 함께 영혼을 팔았던
어둠 속에 어둠과 함께 떠도는 영혼이여
보라 활활 타오르는 성령의 불길을 보라
어둠의 세상 속에서 어둠을 태우는 불길이다

형제끼리 미워한 어둠의 벽을 허물고
교회끼리 미워한 어둠의 벽을 허물던
어둠 속에 어둠과 함께 떠도는 영혼이여
보라 활활 타오르는 성령의 불길을 보라
형제끼리 하나되는 사랑의 불길이다
교회끼리 하나되는 화해의 불길이다

보라 활활 타오르는 성령의 불길을 보라
한라에서 백두대간 마을마다
삼천리 금수강산에 타오르는 불길을 보라
푸른 성령의 계절이 다가오고 있다

빛의 길
— 반석교회* 창립 30주년에

반석 위에 지은 빛의 집은
피와 눈물로 짓었나니
반석 위에 세운 십자가는
피와 눈물로 세웠나니
하늘 가는 빛의 길을 인도하네

낮밤을 지새며 흘린 피와 땀은
빛의 지팡이가 되고
빛의 등불이 되었나니
하늘 가는 빛의 길을
인도하는 지팡이네
하늘 가는 빛의 길을
훤히 비추는 등불이네

빛의 지팡이는
세상의 어둠을 깨우고
빛의 등불은
세상의 어둠 속 깊이 비췄나니
하늘 가는 빛의 길이
훤히 보이네

빛의 지팡이를 높이 들어
세상의 가난을 내쫓고
세상의 질병을 치료해 왔나니
하늘 가는 빛의 길이
훤히 보이네

빛의 길에는
이전 것은 지나가고
보라 새날이 왔나니
빛의 길은
하늘의 축복이네

＊ 반석교회는 박정미목사(수필가)가 1988년 6월에 대전광역시 동구 대성동에 개척하여 2018년 6월 6일 창립 30주년 축하예배를 드렸다.

하늘나라 가는 길
— 후백 황금찬선생님 영전에

선생님, 어디쯤 가고 계시는지요
이제는 불러보아도 정녕 대답이 없는
눈물의 아침입니다
이곳에서는
다시 만날 수도
불러도 소용없는
영원한 이별이어야 되는지요

선생님, 지금쯤 어느 고개를 넘으셨나요
어렸을 적 눈물로 넘으셨던
보릿고개처럼 힘들지는 않으셨나요
멀리 하늘나라 깃발이 보이시나요
할렐루야 찬양소리도 들리시나요

선생님, 저 산을 넘으시면
하늘나라 대문도 보이시겠지요
눈물겹도록 보고 싶다던
사랑하는 딸 애리와 아들 도제
아내와 뻐꾸기울음의 어머니도
하늘나라 대문 밖까지 마중 나와 있겠네요
선생님 곁에 있었던 제자 함혜련과 신봉승도

하늘나라 대문 밖에서 기다리고 있겠네요

선생님, 며칠 후에는
하늘나라 찻집에서
그렇게도 그리워하시던 목월선생도 만나고
주태익선생과 이범선선생도 만나시겠네요
조항록목사님과 장하구장로도 만나
향긋한 커피를 마시며
이곳의 정겨운 소식을 전하시겠네요

선생님, 저희들의 영원한 스승인 선생님
불러도 불러도 대답이 없는
이곳에서
남겨놓은 시들은
저희들 삶에 꺼지지 않는 등불이네요

영원한 청년이셨던 선생님
알 수 없는 이치가 하늘의 섭리라고
천사의 마음을 담은 음성으로 가르쳐 주셨지요
지금 가면 이곳에서는
다시 만날 수 없는

영원한 이별이라고 하셨지요
하늘나라 가시는 길
서부 활극영화 셰인처럼 휘파람 불며 가시겠네요

※ 고 황금찬선생님은 70년대 중반부터 80년대 중반까지 서부 활극영화 〈셰인〉의 주인공인 셰인의 쌍권총과 휘바람부는 장면을 보여 주셨던 장기는 일품이었다.

※ 2017년 4월 17일 한국문인협회를 비롯한 국제펜한국본부, 한국시인협회, 한국기독교문인협회가 공동주관한 「고 황금찬선생 대한민국문인장」에서 낭독한 '조시'이다.

빛의 집
— 울진기도원 · 엘림교회 7주년*에

빛의 말씀으로 일군 땅에
빛의 말씀으로 단단하게 다지고
빛의 말씀으로 꼿꼿하게 세우고
빛의 말씀으로 지은 집에는
빛의 말씀으로 하루를 시작하고
빛의 말씀으로 하루를 보내고 있다

빛의 말씀으로 지은 집을 보라
날이 갈수록 단단하게 자리잡아
세상의 비바람이나
세상의 태풍과 파도에
흔들리거나 넘어지지 않고
세상의 어둠을 살우는 횃불로 타올라
세상의 어둠 속에 보이지 않은
하늘 가는 길을 훤히 비추고
하늘 가는 길을 인도하고 있다

빛의 말씀으로 지은 집을 보라
밤낮없이 대문을 활짝 열어 놓고
세상의 어둠에 넘어지거나
세상의 어둠에 짓밟히고

세상의 어둠에 길을 잃고 헤매는
여저기 울고 있는 너와 나를
빛의 사랑으로 부르고 있다

빛의 말씀으로 지은 집을 보라
세상의 어둠에 두들겨 맞아
오늘도 아물지 않은 상처를
빛의 사랑으로 치료해 주고
세상의 어둠을 이기는
빛의 보약을 처방해 주고 있다

빛의 말씀으로 지은 집에 오라
세상의 어둠에 짓눌리고 짓눌려서
꼿꼿하게 일어서지 못할 때에
빛의 사랑으로 일으켜 주고
빛의 길 위에 인도하는
빛의 사랑이 가득한 집에 오라

빛의 말씀으로 지은 집에 오면
세상의 어둠에 흠뻑 젖은 몸을
빛의 사랑으로 깨끗하게 씻어주고

죽어서도 다시 살아나는
영원히 죽지 않은
푸른 생명의 길을 인도하고 있다

* 엘림교회와 울진기도원은 조영미목사가 2016년 7월 21일 경상북도 울진군 죽변면 성내길 116-29에 개척했으며, 2023년 7월 15일 창립 7주년 기념예배에서 낭송한 축시이다.

이 생명은 하나님의 사랑이네
— 송일현목사님 고희기념 축하예배에

어둡고 추운 세상에서
십자가의 마을로 인도하셨나니
더러운 손과 발을
성령의 빛으로 씻어 주시고
하늘 가는 밝은 길에
인도자로 세우셨나니
할렐루야 이 생명은
하나님의 그 깊고 깊은 사랑이네

어둡고 추운 세상에서
십자가의 마을로 인도하셨나니
더러운 눈과 입을
성령의 빛으로 씻어 주시고
하늘 가는 밝은 길에
나팔수로 세우셨나니
할렐루야 이 생명은
하나님의 그 깊고 깊은 은혜이네

어둡고 추운 세상에서
십자가의 마을로 인도하셨나니
더러운 세상살이

성령의 빛으로 씻어 주시고
하늘 가는 밝은 길에
지팡이를 건네주셨나니
할렐루야 이 생명은
하나님의 그 끝이 없는 축복이네

하나님의 끝없는 사랑으로
죄악의 바다에서 건져 주시고
십자가의 파수꾼으로 세워 주셨나니
이 생명 눈물이 마를 때까지
하나님의 사랑을 어찌 갚으랴
이 생명 다할 때까지 나눔의 삶이네
이 생명 다할 때까지 섬김의 삶이네

영원한 빛의 집
— 익산 제일산정현교회당* 입당에

이 세상의 어둠 위에
영원한 빛의 집을 지었나니
어둠을 이긴 십자가를 세우고
평양에서 타올랐던 성령의 불길을
다시 지피고 뜨겁게 지피나니
이 세상의 어둠을 활활 태운다

이 세상의 어둠 위에
영원한 빛의 집을 지었나니
날마다 찬송과 말씀을 높이 들고
어둠 속에 잠자는 자들을 깨우나니
어둠 속에 헤매는 자들을 부른다

이 세상의 어둠 위에
영원한 빛의 집을 지었나니
밤낮없이 빛의 지팡이를 들고
하늘 가는 밝은 길을 인도한다

이 세상의 어둠 위에
영원한 빛의 집을 지었나니
밤낮없이 빛의 등불을 들고

하늘 가는 길을 훤히 비춘다

보라 빛의 집에는
영원한 생명의 양식이 쌓여 있나니
누구든지 찾아오는 자마다
날마다 배가 부르도록 먹여 주고
날마다 가득가득 넘치도록 담아 준다

* 전북 익산시 오산면 군익로 2길 38에 위치한 제일산정현교회는 대한예수교장로회 합동복구측 총회장인 박남교목사가 시무 중에 있으며, 2022년 6월 22일 건축축하예배에서 낭송한 축시이다.

오늘도 빛의 지팡이를 들고
— 백석대 장종현총장 성역 45주년에

세상의 어둠 속에서 빛을 향한 걸음은
세상의 모진 비바람 속을 지나
세상의 험한 파도 속을 지나서
세상의 거친 자갈길에서도 넘어지지 않고
빛의 앞에 꼿꼿하게 섰더니
빛의 앞에 당당하게 섰더니
할렐루야 약속의 흰돌*을 주셨네
할렐루야 승리의 흰돌을 주셨네

승리의 흰돌 위에 밤낮없이
피땀으로 튼튼한 빛의 집을 지었더니
승리의 흰돌 위에 밤낮없이
피땀으로 튼튼한 빛의 십자가를 세웠더니
세상의 어둠 속에 떠도는 자들이
세상의 어둠을 이긴 승리자 되어
할렐루야 빛을 향한 꼿꼿한 걸음이네

날마다 빛의 불덩이를 들고
한라에서 백두의 마을마다
자욱한 어둠을 활활 태우고
사시사철 빛의 등불을 훤히 비추나니

여저기 튼튼한 빛의 집을 짓고
할렐루야 튼튼한 빛의 십자가를 세우네

날마다 빛의 불덩이를 들고
오대양 육대주의 마을마다
자욱한 어둠을 활활 태우고
사시사철 빛의 등불을 훤히 비추나니
여저기 튼튼한 빛의 집을 짓고
할렐루야 튼튼한 빛의 십자가를 세우네

보라 오늘도 빛의 지팡이를 높이 들고
빛의 진리를 지키는 파수꾼으로
빛의 진리를 전하는 나팔수 되어
밤낮없이 어둠 속의 우리들을 깨우고
밤낮없이 어둠 속의 우리들을 부르네

---

* '흰돌'은 요한계시록 2장 17절에 기록되어 있다. 믿음을 지킨 최후의 승리자에게 주는 흰돌(백석), 즉 하나님의 자녀가 되는 명예를 얻게 되는 것을 의미한다. 장종현목사는 1976년에 신학교, 1978년에 교단을 설립하고, 대학교 총장과 교단의 총회장을 역임하고 있다. 지금의 대한예수교장로회 백석총회와 백석대학교이다.

 **해설**

헬레니즘과 헤브라이즘의 변증법적 통일의 시세계
– 최규창 시인의 시문학에 대한 소고小考

임 영 천 (문학평론가·조선대 명예교수)

　필자는 지난해 우연히 어느 고서점엘 들렀다가 한 권의 시집이 눈에 띄어 그것을 싸게 구입했다.「귀천歸天」이란 시로 이름난 천상병(1930~1993) 시인의 유고 시집이었는데, 그 시집 이름이 『나 하늘로 돌아가네』(청산, 1995)였다. 뒤의 인지면을 살펴보았더니 초판 인쇄 일자가 1995년 5월 19일이었고, 필자가 구입한 것은 '초판 11쇄'본이었는데, 인쇄 날짜가 1995년 5월 23일이었다. 놀라운 일이 아닐 수 없었다. 초판 1쇄가 나온 지 불과 사나흘(!) 만에 11쇄에 돌입했다니 실로 놀라지 않을 수 없었다.[1]

---

[1] 1995년이란 이 시기라면 당시 50대 중반의 나이였던 필자가 뒤늦게 박사학위 논문을 쓰고 있던 시기였는데, 논문 쓰는 데만 몰두해서 이런 대단한 시집이 인기리에 판매되고 있다는 사실조차 전혀 모르고 있었던 실정이었고, 그 결과 거의 한 세대(世代)가 지난 지금에야 우연히 이 시집을 입수하게 되었음을 생각하면 몹시 부끄러운 일이 아닐 수 없다.

그런데 또 한 가지 다소 놀라운 것은 그 유고 시집의 구성 문제였다. 총 180쪽짜리 시집이 66쪽에서 시 편집은 일단 끝나고, 그 이후는 "그를 사랑하는 사람들의 가슴속에 살아 있는 천상병 이야기 19편"이라는 타이틀 아래, 실로 열아홉 분[2]의 "천상병론"('천상병 시론' 또는 '천상병 시인론')이라고 이름 붙일 수 있는 성격의 글들이 그 책의 마지막까지 이어져 있었으니 말이다.

시집의 구성이 이렇게 돼 있는 것을 별로 본 바 없었던 필자로서는 참 특이한 시집이로구나 하는 반응을 일으킬 수밖에 없었다. 그리고 실려 있는 시편도 시편이었지만, 특히 그 열아홉 분의 글들을 읽어 들어가다 보니 중도에 그 시집을 그냥 내려놓을 수가 없었다. 무슨 의무감 때문에서가 아니라 자동적으로 일어난 흥미 때문이었다. 결국 그 모든 글들을 다 읽고 나서야 나는 그 시집을 덮을 수가 있었다.

이번에 나는 위와 비슷한 일을 또 겪게 된 것 같다. 이번엔 천상병의 자리에 최규창(1954~)이 들어섰다. 그의 신앙시집 『다시 태어나기』(2024)의 원본이 필자의 손에 들어왔는데, 이는 '발문' 쓰기 요청 때문이었다. 그런데 거기엔 이번의 시집에 들어갈 시 원고들 외에 다른 이들이 쓴 발문 형식의 글들이 상당수 들어 있었다. 앞서의 천상병 시집의 경우를 잠깐 차용하기로 하면, "그를 사랑하는 사람들의 가슴속에 살아 있

---

[2] 이 필진에는 신봉승 극작가, 박완서 소설가, 박재삼 시인, 강민 시인, 민영 시인, 허유 시인, 황명걸 시인, 김규태 시인, 이수관 수필가, 김재홍 평론가… 등 쟁쟁한 문인들이 다수 포진해 있다.

는 최규창 이야기 18편"이라고 표현해도 좋을, 그의 측근 문인들의 "최규창론"('최규창 시론' 또는 '최규창 시인론')이 18편이나 들어 있었다.[3] 천상병 시집의 경우와 거의 비슷한 숫자였다.

이 필진 18명은 김재황, 김종회, 박이도, 신규호, 신세훈, 엄창섭, 오세영, 원형갑, 유승우, 유혜목, 이명재, 이오장, 이탄, 조의홍, 주경림, 한강희, 한성우, 허형만, 이렇게 열여덟 분이다. 그런데 나는 수치상數値上의 유사성이 아닌, 다른 면에서의 유사성에 관심이 기울어졌다. 천상병千祥炳에게 천 시론 또는 천 시인론을 쓴 인사들이 많았던 것처럼 최규창崔奎彰에게도 최 시론 또는 최 시인론을 쓴 문인들이 이렇게도 많았다[4]는 것의 의미가 무엇인가 하는 물음에 대한 답을 찾는 일이었다.

나는 그 답을 한 마디로 말하라고 하면 그들(千 시인 / 崔 시인)의 '천진난만함'이라고 답하지 않을 수 없다. 그 천진난만함[5] 때문에 두 시인들이 그 측근들을 허다히 거느리고 있으며, 또 그들이 누구누구 시론, 또는 누구누구 시인론 등을 서로 다투듯이 써낸 것이 아닌가 여기고 있다. 천상병의 시가 지니고 있는 천진난만성天眞爛漫性이라고 하면, 이런 표현을 생경하다

---

3) 나는 이 18명 문인의 평문들이 천상병의 시집 『나 하늘로 돌아가네』의 경우처럼 최규창 시집의 후미에 들어가는 것인 줄로 알았으나, 사후에 밝혀진 바는, 그 글들이 필자의 발문 집필에 참고 자료로 제공된 것이란 사실이었다.
4) 최규창의 경우, 평문 집필에 가담된 인원수는 18명이지만, 두 차례 내지 서너 차례 쓴 이들도 상당수 있어서 실제로 나타난 최규창론 편수는 무려 25편(!)에 이르고 있었음이 참고될 만하다.
5) '천진난만'에 대한 국립국어원 『표준국어대사전』의 뜻풀이는 "말이나 행동에 아무런 꾸밈이 없이 그대로 나타날 만큼 순진하고 천진함"으로 되어 있다.

거나 어색하다고 반응할 분이 있겠는가? 마찬가지로 최규창 시의 특성을 가리켜 천진난만성이라고 칭한다 해도 이를 어색하다거나 생경하다고 반응할 분이 있을까 물음직하다.

그런데 그들의 시가 지닌 천진난만성이 어디에서 기인하는가 묻는다면 나는 이렇게 답할 수밖에 없을 것 같다. 자연친화성, 자유분방성, 천국지향성, 이렇게 세 가지로 답하게 될 것 같다. 이 세 특성들이 어울려 그들의 시를 천진난만한 시들로 여기도록 만든다는 것이다. 그러나 여기서는 천 시인에 대해서 논하고자 하는 자리는 아니므로 위의 세 가지 특성을 전제로 하여 아래에서는 최 시인의 시세계를 중심으로 해서 위 세 가지 특성을 논의하려 한다.

최규창 시의 자연친화적 특성

최규창의 시편 가운데 자연친화적인 시 작품들이 상당하다는 것은 누구나 인정하는 바일 것이다. '영산강 시인'이란 별칭이 있을 만큼 최 시인은 자신의 고향의 강, 곧 영산강을 많이 노래했다. 그만큼 그는 자연친화성自然親和性이 강한 시인으로 알려져 왔다. 그러나 이번의 이 시집에 영산강 시편들은 빠져 있으므로 그 관련 시편들에 대하여 직접적으로 언급하기는 어렵게 되었다. 그러나 영산강만이 강은 아니므로 다른 작품들 속에서 또 다른 강을 찾는다면 결과는 마찬가지라고 할 것이다. 한강도, 백마강도, 아니 아마존 강도 다른 작품들 속에서 다루어지고 있음은 마찬가지 결과라고 할 것이다. 그의 자연친화적인 시편들 가운데 강 이외에도 조류라든가 화초

라든가 무슨 초원이라든가 또는 각종의 동물들이라든가 시적 찬미의 대상으로 나타나는 것들은 거개가 원초적인 세계에 대한 시인의 경외감에서 자연유로적自然流露的으로 발현된 것들이고, 이런 세계에 대한 표현이 다른 시인들의 경우와 다소 다른 것은, 그 모두가 하나님의 창조와 생육의 섭리에 대한 강한 믿음과 찬양에서 나온 것이란 점이라고 하겠다. 그의 시 「새해 아침에」를 사례로 들어 보기로 한다.

    1
 사랑의 주님
 어지러운 한 해가 저물었습니다
 그리고 오늘
 새해 아침의 한강에는
 북녘에서 날아온 오리 몇 쌍
 은빛 물결을 저으며
 주主의 포근한 사랑을 구가하고 있습니다
 연약한 들오리의 꿈을
 이뤄주소서 사랑의 주님

    2
 사랑의 주님
 애타게 마음 졸이던 한 해가 저물었습니다
 그리고 오늘
 새해 아침의 창가에는
 한 그루 동백의 빨간 봉오리에

주主의 사랑이 가득합니다
맑디맑은 봉오리의 기도
들어주소서 사랑의 주님

  친환경문학 작품이니 또는 생태시 작품이니 하여 유사한 세계를 다룬 다른 시인들의 시 작품들이 없는 게 아니지만, 최 시인의 경우만은 거의가 하나님의 창조 섭리에 대한 강한 의식과, 그 은혜에 대한 예찬으로 이어지고 있으므로 유다른 시세계를 접하는 것으로 독자들은 느끼지 않을 수 없겠다. 그래서 그의 시세계는 헬레니즘적이고 동시에 헤브라이즘적이라고 표현하지 않을 수 없는 것이다. 아니, 헬레니즘과 헤브라이즘[6]의 변증법적 통일의 시세계라고 표현함이 사실에 더 가까울 것이다. 문학작품이 마침내 도달해야 할 지점이 바로 그런 세계라고 한다면, 이는 가장 이상적인 세계인 셈이다.

  여담이지만, 필자는 세계문학사, 특히 세계소설문학사를 공부하면서 세계의 작가들 중 최정상에 이른 작가가 러시아의 도스토옙스키와 톨스토이라고 하는, 서구 문예이론가들의 연구 결과를 접한 바 있었는데, 그 논거를 우리나라 작가들에게 적용해 보았더니 염상섭과 황순원 같은 작가들이 그 유사한 지점에 도달해 있음을 알게 되었다. 도스토옙스키와 톨

---

[6] 크리스천 헤브라이즘을 두고 하는 말이다. 임영천, 『한국 현대문학과 기독교』(태학사, 1995), p.128 이하 참조.

스토이의 문학이 가령 동시대 프랑스의 플로베르나 발자크의 소설보다 우수하다고 평가될 수 있었던 것은 후자(플로베르/발자크)가 주로 헬레니즘적인 바탕 위에서 활동한 작가들이었음에 비하여 전자(도스토옙스키/톨스토이)는 헤브라이즘적인 세계까지를 받아들여 양자의 변증법적 통일의 문학 세계를 이루었기 때문이었던 것이다. 우리나라의 경우도 염상섭이나 황순원의 소설이 가령 이기영이나 채만식의 소설보다 우수하다고 볼 수 있는 것은 후자(이기영/채만식)가 주로 헬레니즘적인 바탕 위에서 활동한 작가들이었음에 비해 전자(염상섭/황순원)는 헤브라이즘적인 세계까지를 받아들여 양자의 변증법적 통일의 문학 세계를 이루었기 때문이라고 할 것이다.[7]

이 관점을 최 시인의 시세계에 적용시켜 볼 때, 위의 소설들의 사례에서 볼 수 있듯이, 헬레니즘(인본주의/휴머니즘)과 헤브라이즘(신본주의)의 변증법적 통일의 시문학 세계를 이루어낸 쾌거로 볼 수 있다는 것이다. 그의 시에서 볼 수 있는 헬레니즘과 헤브라이즘의 변증법적 통일의 시세계가 어느 면 자연친화성을 강하게 드러낼 때에는 그의 시편들은 궁극적인 천진난만성을 지닌 작품들로 독자들에게 인식되는 것으로 보인다. 마치 어린아이가 어머니 앞에서 어리광을 부릴 때 천진난만함이 느껴지듯이, 그의 시편들은 신(하나님) 앞에서 꾸밈없는 재롱을 부리는 어린이와도 같은 천진난만성이 드러나고야 만다고, 그렇게 볼 수 있겠다는 것이다.

한편 어느 누구인가, 루소 풍의 자연친화적 생활 자세와 최

---

[7] 임영천, 『한국 현대소설과 기독교 정신』(국학자료원, 1998), p.217 이하 참조.

규창의 시를 비교해 본다면 어떻겠느냐고 또 다른 관점에서 물어 온다면, 루소가 문명 이전의 원시 상태의 자연(사회에 구속되지 않은 선량한 인간 본성)으로 돌아가기를 염원했다고 해서, 뭐 이(최규창의 시)보다 더할 수 있다고는 생각되지 않는다고 답할 수밖에 없을 것 같다.

최규창 시의 자유분방한 특성

가령 최 시인의 여러 시편들 가운데서 한 작품 「옷벗기·1」을 들여다볼 필요가 있겠다. "세상의 바람에 / 사나워진 옷을 / 어디서나 벗는다 / 하루에도 몇 번씩 / 낮밤을 가리질 않고 / 훨훨 벗는다 / 오늘밤은 / 새벽녘까지 눈물 속에서 / 수십 벌의 옷을 벗는다" 화자話者가 옷을 벗는 이유는 그 옷이 세상의 바람에 사나워졌기 때문이고, 벗는 장소는 어디에서나 가능한 것이지 무슨 장소를 따로 가리지 않으며, 벗는 시간 역시 낮밤을 따로 가리지 않는다고 하였다. 특히 오늘밤만은, 아마도 초저녁부터, 새벽녘까지 눈물을 펑펑 흘리면서, 그것도 수십 벌의 옷들을 훨훨 벗어 버린다고 하였으니, 때와 장소를 가리지 않고 수많은 옷들을 아무렇게나 벗어던지는 화자(시인?)의 행동 속에서 우리는 그의 자유분방한 모습을 연상하게 된다.

그런데 이 행동 속에 하나의 덫이 숨어 있을 수도 있음을 우리는 그냥 흘려보낼 수 없다. 시공時空을 초월해 자유분방한 행동을 하는 이 주체는 누구인가? 만약 어떤 여인이 밤낮을 가리지 않고 아무 데서나 옷을 벗어 버린다고 가정한다면,

우리는 아마도 그를 한 떨기의 노류장화路柳墻花쯤으로 짐작해 버려도 무슨 큰 잘못이 없을 것 같다. 그러나 이 작품 속의 주체(주인물)는 그런 인물은 분명 아니라고 보겠다. 그가 벗는 옷이 세상의 각종 바람에 사나워진 옷이란 것과, 또 옷을 벗을 때에 눈물을 펑펑 흘리며 그 벗는 일을 행하고 있다는 데에 분명 무슨 사유가 있을 법하기 때문이다.

그래서 우리는 그 주체를 막연한 '화자'로부터 특정한 '시인'으로 바꾸어 볼 수 있을 것 같다. 누구인지 분명치 않은 화자가 하는 이 일을 우리는 특정의 시인으로 좁혀 볼 수가 있겠다는 것이다. 여러 정황으로 보아 여기의 화자는 이 시의 시인, 곧 최 시인으로 보는 것이 온당하리라는 것이다. 화자와 시인이 동일시된다는 뜻이다. 그러고 보니, 최규창은 자유분방하기 짝이 없는 시인인 것 같다. 옷을 아무 데서나, 또 아무런 시간대에나 마구 벗어던져 버리니 말이다.

그러나 그는 '세상의 바람에 사나워진 옷'을 벗어던진다. 그마저도 '눈물 속에서' 벗어던지는 것이지 맨 정신으로는 그리하지 못한다. 여기에 무슨 연유가 있을 법하다. 그러므로 그의 자유분방함 속에는 저항 의식이 깃들어 있다. "십자가 위에서 흘린 피는 / 너와 나를 위한 혁명의 칼이다"[8]에서 보여 준 그 '혁명의 칼'과 같은 저항이다. 이는 죄로 물든 세상에 대한 날카로운 저항일 터이다. 오염된 세계에 대한 예리한 항거이다. 무죄한 자를 타살하는 현실에 대한 항변이다. 사랑을 외친 죄밖에 없는 이를 형틀에 매단 자들에 대한 강력한

---

8) 시 「빛의 길 – 길 · 5」에서 일부 인용.

응징의 목소리이다. 시 「사랑의 길-길·3」 전문全文을 참고로 보기로 한다.

> 예수는 마지막에
> 누구도 가지 못하는
> 피의 길을 가고
>
> 예수는 마지막에
> 누구도 가지 못하는
> 눈물의 길을 가더니
>
> 죽음의 강 위에
> 다리를 놓고
> 피의 길이나
> 눈물의 길 위에
> 영원한 나라로 가는
> 사랑을 펼쳐 놓았다

예수로 하여금 피의 길을 가게 한 이들, 눈물의 길을 가게 한 이들, 마침내 죽음의 강으로 떠밀려 사망의 골짜기로 떨어지게 만든 자들을 향해 시인은 '피의 길이나 눈물의 길 위에' 오히려 '영원한 나라로 가는 사랑'을 펼쳐 놓으신 예수님을 다시 내세우며 "이 사람을 보라"고 큰소리로 외쳐 대는 것이다. 사랑을 외친 이를 그렇게도 미워하더니, 그리하여 끝내 십자가 형틀에 매달아 죽이더니……, 그러나 영원한 나라로 가는 길은 예수처럼(예수의 가르침처럼) 사랑을 행하는 길밖에 없다고 그들을 점잖게 꾸짖는 것이다. 이는 '눈물' 속에서 외치는 '사랑'의 절규이다. 필자는 이 시를 헬레니즘과 헤브라이즘의 변증법적 통일의 경지를 제대로 보여 준, 시인 최규창의 시편들 중의 대단한 명편이라고 여기고 있다. 마지막(제3) 연은 문학적 상상력의 절정을 보여 주고 있는데, 아무래도 그의 자유분방함은 이런 상상력과 밀접한 관계가 있을 성싶다.

    최규창 시의 자유분방성은 그의 다른 한 시 「아프리카의 초원을 보았나―사랑의 노래 · 11」에서 최고조에 이르고 있다.

> 아프리카의 초원草原을 보았나
> 수많은 누우떼들이
> 천리길을 마다하지 않고
> 저마다 새끼 누우를 앞세우고
> 만리길을 마다하지 않고
> 새로운 초원을 찾아
> 저마다 새끼 누우를 앞세우고
> 뜨거운 땡볕을 마다하지 않고
> 터벅터벅 걷고 있는
> 누우떼들의 장관 보았나
> 엄마 누우의 배에서
> 막 태어난 애기 누우가
> 금세 초롱초롱 토박토박
> 엄마 누우를 따라 재롱부리며
> 뛰거니 걷거니 따라가고 있는

그 누우가족들의 모습 보았나
그 신성한 삶의 모습 보았나
이것이 자연이네
엄마의 사랑이네
하나님의 사랑이네
삶의 의지야말로
엄마의 사랑이네
하나님의 사랑이네
삶과 죽음을 초월한
삶의 의지야말로
생명의 자유라네
축복이라네
끈기라네
그 생명의 자유를 위하여
아프리카의 초원은
백년전에서 백년후까지
천년전에서 천년후까지
그렇게 이어지고 있다네
이것이 생명의 역사라네
엄마의 사랑의 역사라네
하나님의 사랑의 역사라네

  이 시는 그 소재가 아프리카의 초원과 거기서 자유분방하게 뛰노는 누우 떼로 되어 있다. 아프리카의 초원, 가령 세렝게티와 같은 곳(초원)을 생각하면 우리 독자들 모두는 우선 가슴부터 뛴다. 그곳은 원초적인 생명의 터(대지)로서 모든 생명체들이 활발하게 뛰놀고 성장하는 곳이다. 각종의 식물들이 자라고, 또 동물들이 먹이를 탐하는 곳이기도 하다. 거기엔 덩치 크기로 제1인 코끼리들이 있고, 백수의 왕이란 사자들이 있으며, 표범들이 있고, 목이 긴 기린들이 있으며……, 헤아리자면 끝이 없다.

그런데 이 시에서는 그들 중에서도 누우 떼가 다루어지고 있다. 가끔 코끼리들이 물 있는 곳을 찾아 무리 지어 가는 모습이 보이는 때가 있다. 그러나 그 대열이 생동감 있게 보이는 것 같지는 않다. 코끼리들이 무게 있게 둔중하게 움직이는 습성이 있기 때문일 것이다. 거기에 비해 사자들이 움직이는 모습은 좀 다르다. 평소 점잖다가도 어느 때 맹렬하게 움직이며 극단의 생동감을 보이는 때가 있다. 그러나 그런 맹렬한 움직임은 자기네들의 먹잇감을 목표로 하여 돌진할 때뿐이다. 평소엔 코끼리 못지않게 점잖은 동작을 보여 주는 동물이 사자(獅子)라는 것은, 그로부터 그들의 동작의 이중성(점잖음↔사나움)을 보는 것 같아, 이웃들이 은근히 두려움을 느끼게 된다.

이들과 다른 동물이 누우가 아닌가 한다. 누우 떼는 대열을 지어 움직일 때 매우 활발한 것으로 보인다. 코끼리 떼처럼 너무 점잖게 움직이는 것도 아니고, 사자 떼처럼 다른 동물들에게 경각심을 불러일으키는 것도 아니다. 그저 그들의 목적지를 향해 일관성 있게 활발히 움직이는 것뿐이다. 그런 속에서도 어린 새끼를 분만(해산)하고 또 그들을 돌보기도 하는 책임감 있는 동물로서의 모습을 보일 때, 이를 보는 우리 인간의 마음도 한결 푸근해지고, 그들에 대해 더욱 신뢰감이 간다고 표현해 볼 수 있겠다. 어쩌면 그들에게서 인간의 어떤 면을 달리 보게 되는 것 같기 때문일지도 모르겠다. 사람들의 삶의 모습이 하나의 축소판[小宇宙], 곧 마이크로코즘(microcosm)으로 대신 나타나 있는 것으로 보이기 때문일지도 모른다.

 원시原始 자연, 곧 태곳적의 건강한 생명력을 예찬하는 이 생태시에는, 그러므로 아무런 가식이 없다. 가식(꾸밈)이 없으니 자유분방할 수밖에……. 호말처럼 뛰어다니는 누우 떼들과 그 어린 새끼들의 똑같은(자유로운) 모습은 자유분방 그 자체이다. 자유분방함은 어딘가에 믿을(기댈) 데가 있는 개체의, 자신감에 넘치는 생명력의 발산이라고 볼 수 있다. 어머니가 있는 아기가 자유분방한 동작을 보인다. 만일 어미를 여읜 동물이라면 풀이 죽어 있는 모습을 보일 수밖에 없을 것이다.

 인간에게도 어머니가 있을 때 언제나 든든하다. 그 점은 어린이나 어른이나 마찬가지다. 그런데 인간에게 가장 믿을 만한 영적인 세계의 어머니……, 믿음[信仰]의 대상으로서의 하나님이 계시다면 그는 언제나 마음 든든할 것이며, 그 때문에 자유분방한 생명력과 생동감을 보이며 살아갈 수 있을 것이 아니겠는가. 또한 인간이 사랑의 하나님 앞에서는 어쩔 수 없는 어리광이가 되는 것이므로, 그때는 순진한 어린이처럼 천진난만한 존재로 보일 수밖에 없게 되는 것이다.

 이 시는 생동감 넘치는 자유분방한 누우 떼들의 모습을 통해 인간의 바람직한 생태 유토피아, 달리 말해, 생태주의 이상향인 에코토피아(Ecotopia)[9]의 세계를 묵시적으로 보여준 데 그 특장特長이 있다고 생각된다. 그래서 세 차례의 '엄마의 사랑'에다 또 똑같이 세 차례의 '하나님의 사랑'을 거의 동격으로 겹쳐 놓은 게 아닐까 판단된다. 여기에는 헬레니즘 세계가 넘쳐흐르는 것 같으면서도, 시의 마지막 지점에 헤브라이즘('하나님의 사랑')의 시행詩行을 결정적으로 다시 첨부함으로써 이 시로 하여금 헬레니즘과 헤브라이즘의 변증법적 통일의 시로 의미를 지니게 하는 데 크게 득의했다고 보겠다. 한편 이 시는 최규창의 생명시학, 생태시학의 최고봉을 이루는 데에도 상당한 기여를 한 것으로 보인다.[10]

최규창 시의 천국지향적 특성

시인 최규창의 시편들 속에는 일반적으로 천국지향적 특성이 강하게 드러나 있다고 표현해서 과히 틀림이 없다고 생각된다. 그가 기독교도(교회 장로)이기 때문에 그런 결과에 이르는 데에는 별로 어려움이 없을 것으로 볼 수도 있겠다. 그러나 기독교도인 시인은 언제나 강한 천국지향성을 띤다, 라고는 표현하기 쉽지 않을 것이다. 개인에 따라 기독교도이면서도 천국지향적인 성정性情에까지는 이르지 못해서일 경우도 있겠지만, 이런저런 다른 이유들 때문에서도 그렇게 이르지 못할 경우 또한 없지 않을 것이기 때문이다.

---

9) 미국 작가 어니스트 칼렌바크의 장편소설 이름이기도 한 이 술어는, 일종의 생태도시(생태적 사회)의 의미를 지니고 있다. 이 작품 속에서 다른바, 과잉된 에너지의 분출놀이를 즐기며, 인간의 삶을 더욱 자연(또는 원시사회)에 가깝게 영위하려는 이들의 생활 모습이 그대로 누우 떼의 자유분방하게 살아가는 모습과 상당히 흡사한 것 같다.
10) 이에 버금가는 작품으로 「송사리-오늘의 창세기·2」와 같은 시편을 거명할 수 있겠다.

그러나 최 시인은 강력한 기독교 무기로 무장을 한 투사와도 같은 존재라고 볼 수 있다. 그가 우상 앞에서 어떻게 처신하는가, 그 하나만 보아도 나머지는 자연히 해소되는 문제라고 볼 수 있다. 우상을 만들지 말고 그것에 절하지 말며 섬기지 말라고 한 것은 하나님의 말씀이지만, 그 명령을 백성들에게 전한 이는 모세였다. 하나님의 뜻을 모세가 전했기 때문에 우리는 십계명 속의 제2계명은 모세의 계명이란 식으로 약칭하고 있다. 신약시대에 와서 우상을 강력히 저지하는 말씀을 하신 이는 예수이시지만, 이후 그 정신을 이어받아 여러 헬라 지역 교회 성도들에게 간곡히 전한 이는 사도 바울이었다. 이상하게도 소위 수제자란 칭호를 지녔던 베드로는 우상 문제에 관한 한 왜 그런지 미지근한 자세였던 것 같다.

예수께서는 공생애에 나서기 직전 마귀의 시험을 받았다. 그때 소위 '권력'에 대한 시험도 동시에 받았는데, 마귀는 "만일 그대가 내 앞에 엎드려 절하면 이 모든 권세와 영광을 그대에게 주겠소"(마 4:9)라고 유혹하였다. 그러나 예수는 "사단아 물러가라"고 외치며 "주 너의 하나님께 경배하고 다만 그를 섬기라"(마 4:10)고 응대하였다. 여기서 예수의 우상 타파打破의 강력한 기본뜻이 전해지고, 우리 신도들은 예수의 그 뜻을 이어받아 '우상타파 정신'으로 살아가지(신앙생활 하지) 않으면 안 된다는 가르침을 붙안게 된 것이다.

권력에 대한 시험(유혹)에 대처하는 것은 다른 말로 바꾸면 인간의 '욕망에 대한 싸움'이요, 또 달리 표현하자면 자기 '욕심과의 씨름'이라고도 할 수 있다. 야고보는 "오직 각 사람이 시험을 받는 것은 자기 욕심에 끌려 미혹됨이니, 욕심이 잉태

한즉 죄를 낳고 죄가 장성한즉 사망을 낳느니라"(약 1:14-15)고 하였다. 권력에 대한 욕망, 곧 '권력욕'은 인간에게 있어 하나의 거대한 우상을 낳는 근원(원천)이 될 수 있으므로 신도들은 이 '권력 우상' 앞에서 의연히 저항하지 않으면 안 될 것이다. 이 때문에 그리스도인에게는 '우상 타파 정신'이 강력히 요구된다고 하겠다. 그 정신으로 저항할 때는 모든 시험의 마귀가 물러날 수밖에 없을 것이다.

이 '권력 우상' 문제를 하나의 산문 작품 속에서 다루어 우리에게 큰 깨달음을 얻게 한 사례로 이청준의 장편소설 『당신들의 천국』(1976)이 있다. 무언가 모를 욕망 때문에 소록도의 조백헌 원장은 '자기 동상' 건립을 추진하고 있었는데, 이것의 의도를 하나의 바벨탑 축조라고 보아, 이를 일종의 권력 우상으로 파악하게 된 황희백 장로 등이 나서서 강력히 저항하여 종국에는 조 원장의 그 계획을 무산시키는 일이 있었다. 바벨탑(자기 동상)은 권력의 상징이요, 그렇기 때문에 이 권력 우상을 타파하지 않으면 그 폐해를 고스란히 원생들이 받지 않으면 안 된다는 관점에서 보아 그 파괴 운동을 주도한 황 장로 등은 선각자다운 데가 있는 투사라고 하겠다.

그런데 최 시인은 시집 속에서 바벨탑이란 시어들을 여러 차례 쓰고 있다. 바벨탑이란 술어가 주는 이미지로 보아, 조 원장의 '자기 동상'에 대한 황 장로 등의 강력한 항거의 정신과도 흡사한 시인의 저항 정신이 은연중에 작품 세계를 지배하고 있지 않나 여겨진다. 황 장로가 바벨탑(원장의 동상)에 저항을 함에 있어서 기도 속에서 모든 결정을 내리는 신중한 면이 있었던 것처럼 최 장로(시인)도 그와 유사한 여건, 곧 기도 속에서 '바벨탑'에의 강한 저항 자세를 보여 줌이 간취된다.

> 우리 모두의 주님
> 바람결에도 하늘의 뜻을
> 새기시는 주님
> 지금 우리는 어디쯤 살고 있나이까
> 바벨탑을 쌓고 있나이까
> 갈가리 찢겨진 마음들이
> 금송아지를 만들고 있나이까
> 십자가의 구속일랑 까맣게 잊고
> 소돔과 고모라를 더듬고 있나이까
> ―「우리의 기도」 앞부분

'지금 우리는… 바벨탑을 쌓고 있나이까'는 지금 우리의 삶이 바벨탑이나 쌓는 우愚를 범하는 지경에 처해 있습니까, 라고 자기비판自己批判을 하는 것은 물론, 동시에 자기부정自己否定을 하는 것이라고 보지 않을 수 없다. '갈가리 찢겨진 마음들'이 곧바로 뒤따르는 것을 보아 그리 볼 수 있겠다. 옛날 바벨탑을 쌓던 사람들도 마지막엔 그들의 마음들이 갈가리 찢겨져 언어가 서로 통할 수 없게까지 되었던 것처럼 지금 우리도 그 같은 상태에 처해 있는가, 라고 자문하며 동시에 자탄하고 있는 것이다.

그런데 바벨탑을 쌓다 지리멸렬하게 된 자들이 언어불통 상태에서 그치기만 한 것이 아니라, 가위 가관이라고나 할까, 금송아지까지 만들고 있는 편이었다고 한다면 그들은 권력 우상 외에도 재물 우상에까지 마수를 뻗친 자들이었다고 하겠으며, 돈(재물)과 권력은 '양날의 칼'과 같은 관계라는 사실을 아는 우리로서는 그들의 말로가 소돔과 고모라, 두 성의 몰락과도 같은 비극으로 치닫게 되리라는 예상을 할 수밖에 없겠다. 이럴 때 다음과 같은 주문이 뒤따르게 되리라는 것도 또한 순리라고 할 수 있지 않겠는가. "…총칼 앞에서 신음하는 북녘의 형제를 잊고 / 금송아지들이 집집마다 마음마다 판을 치는 / 이 어리석은 백성을 무서운 채찍으로 거두어 주소서"
(-「세모歲暮의 기도·5」중에서)

이처럼 '권력 우상'(바벨탑)에 대한 강력한 저항의 자세를 보여 주고 있는 최 시인은 '우상파괴 정신'으로 강력히 무장된, 소수 정예병의 수장 기드온과 같은 용사라고 할 수 있다. '바벨탑 벽돌조각들 / 흩어져 사납더니'를 수차례 반복하는 시 「흩어져 사납더니」속에서 권력 우상의 상징인 바벨탑이 무너지는 가운데 그 벽돌 조각들이 곳곳에 흩어져 볼썽사납게 되어 버린 모습을 묘사하는 중에, 인간을 억누르는 권력 우상을 강력히 타파하고자 하는 시인의 마음이 우회적으로 표현되어 있음을 볼 수 있다.

그러나 그의 시에는 또 허다히 '노아의 방주'란 시어들이 등장하고 있다. 인간을 압제하는 권력 우상, 또는 바벨탑에 강력히 저항하는 일도 중요하지만, 그에 못지않게 구원을 약속하신 하나님의 뜻을 '노아의 방주' 사건을 통해 환기시키는 일은 시인에게 더욱 중요하리라고 여겨진다. 노아의 방주方舟에서는 구원이 약속된 사람(노아의 가족)과 동물들이 들어가서 장기간의 홍수를 피한 후 마지막으로 살아남게 되었는데, 이는 악한 시대에 하나님이 인간을 심판하시며, 의로운 이는 재앙을 피하게 하여 구원하신다는 하나님의 선하심과 의로움이 잘 드러나 있는 사건이라 하겠다.

>   노아의 방주方舟 목록目錄에는
>   동백꽃 한 송이 없었다
>   채송화도 없었고
>   봉선화도 없었다
>   비둘기와 양羊은 있었지만
>   동백꽃은 씨앗도 없었다
>   그런데 지금
>   한 송이 동백꽃이
>   방주의 봉창으로
>   스며드는 햇빛처럼
>   구석방 창가에서
>   창세기의 축복을 받고 있다
>   ―「꽃과 얼굴」 앞부분

 이 시에 의할 때, 하나님이 구원하시겠다고 약속하신 노아의 방주 안에는 동물들(비둘기와 양)은 있었으나 식물들(동백꽃, 채송화, 봉선화 등)은 없었다고 하였다. 꽃이 활짝 핀 화초들이 전혀 없었던 것은 물론, 그 씨앗만이라도 어느 구석에 있었으면 좋았을 것이지만 아예 그 씨앗조차 거기엔 없었다고 하였다. '그런데 지금 / 한 송이 동백꽃이 / 방주의 봉창으로 /

스며드는 햇빛처럼 / 구석방 창가에서 / 창세기의 축복을 받고 있다'라고 하였으니 이 말은 무슨 뜻을 내포하고 있을까. 하나님이 구원하겠다고 약속하지도 않았던 미물인 식물(동백꽃)에게 구원의 손길이 뻗쳐 이처럼 구석방 창가에서 피어나는 축복을 받는 결과에 이르렀으니 그 은혜 놀랍지 아니한가, 라는 의미로 읽어 낼 수 있을 것이다.

더욱이 '창세기의 축복'을 받기까지 한다고 했으니, 하나님이 모든 만물을 창조하실 때의 그 태초(창 1:1)의 축복을 오늘에 와서 그대로 받고 있다는 의미일 터인데, 그러나 이것의 진정한 의미는 그 꽃들이 결국 '사람'의 비유로 볼 수도 있다는, 바로 그 점이라고 하겠다. 시의 후반부에 의하면 미국 여자, 유태인 여자, 호미를 든 전라도 여자… 등 애초 방주에는 아예 얼굴도 내밀 수 없었던 세계 곳곳의 모든 이들이 이제 구원의 반열에 오르게 되었으니, 그 은혜 놀랍다고 하는 숨은 의미가 이 시에서 간취된다고 볼 것이다. 결국 하나님의 구속(救贖)의 역사에 대한 은근한 찬미(찬사)라고 보지 않을 수 없다. 최 시인의 천국(구원)지향적 특성이 잘 나타나 있는 편이라고 하겠다.

최규창은 '빛'을 예찬하는 시인이다. 이 '빛'이란 제목으로 쓴 연작시가 열다섯 편이나 된다. 어느 편을 읽어 보아도 섬광이 반짝이는 것 같은 '빛'이 흘러넘친다. 성서를 참고하면 태초에 하나님이 모든 만물을 창조하실 때 첫째 날에 창조하신 것이 바로 '빛'임을 알 수 있다. "하나님이 이르시되 빛이 있으라 하시니 빛이 있었고 빛이 하나님이 보시기에 좋았다"

(창 1:3~4상)라고 하였다. 그리고는 이어서 빛과 어둠을 나누고, 또 낮과 밤도 갈랐다고 하였다.

이것의 의미가 전용되어 후에는 '빛의 아들'과 '어둠의 권세'로 나눠지게 되었다고 볼 수 있다. 전자는 의인[善人]으로, 후자는 죄인[惡人]으로 통하게 되었으리라. 예수께서 "너희는 세상의 빛이라"(마 5:14)고 하면서, "너희 빛이 사람 앞에 비치게 하여 그들로 너희 착한 행실을 보고 하늘에 계신 너희 아버지께 영광을 돌리게 하라"(마 5:16)고 했을 때, 그 '세상의 빛'으로 지목된 이들이 바로 '빛의 아들'들로 통하게 되었을 것이다. 그들은 곧 축복받은 이들이라고 볼 수 있다.

그런데 신도들을 '세상의 빛'(마 5:14)이라고 했던 예수께서는 후에 자기 자신을 또 '세상의 빛'(요 9:5)이라고도 칭하였다. 한편, 예수께서 "나는 포도나무요 너희는 가지라"(요 15:5)고 했으니, 나무의 본체나 가지나 다 일신동체라고 볼 수 있을진대, 본체(포도나무)가 빛이어야만 가지(신도)도 빛일 수가 있을 것이므로, 주님이 자신을 가리켜 '세상의 빛'이라 한 것과 신도들을 지목하여 '세상의 빛'이라 한 것은 전혀 상충되는 데가 없는, 사리에 맞는 표현이라고 하겠다. 그러나 빛의 원천만은 본체(포도나무)라고 볼 때, 시인의 눈이 그(본체)를 중심으로 그의 (카메라) 앵글을 돌려 대리라고 보는 일 또한 당연하리라. 시 「빛·1」을 그 사례로 보기로 한다.

  빛은 쉴새 없이 일을 한다
  이 세상에서
  가장 크막한 손과 발은

낮과 밤을 가르지 않고
지구의 체온이 식지 않도록
날마다 쉴새 없이 일을 한다

빛은 어디서나
찾는 그 자리에서
그 모습으로 맞아 주고
세상의 시시한 이야기까지 들어 준다

빛은 말씀이고
누구도 가로막을 수 없는 길이다
빛은 사랑이고
돈 한 푼 받지 않은 축복을 준다

빛의 말씀은
어둠 속의 길을 훤히 비추고
수천개의 길중에서
영원한 생명의 길을 향한 지팡이다

 이런 '빛'을 향하여 이제 시인은 "그대에게 가고 있네"라고 진솔곡직하게 토로한다. 그래서 다음에 보게 될 그의 시「그대에게 가는 길」은, 천상병의「귀천歸天」이 아닌, 최규창의「귀천」으로 통할 수 있게 된 것 같다. 다소 어리광스럽던 천상병의「귀천」과는 달리, 최규창의「귀천」은 제법 틀을 갖춘, 다소 점잖다고도 할 수 있는, 기품이 넘치는「귀천」이 되지 않았나 생각된다. 그러나 궁극적으로, 주님(예수)이기도 하고 하나님이기도 한 그 '빛'을 향한 시인의 자세가 완전히 어린아이의 어리광이 상태를 전적으로 벗어났다고는 볼 수 없다고 할 때, 이 시 역시 절대자 앞에 서 있는 시인의 천진난만함을 그대로 보여 주고 있다고 보아 크게 틀림이 없을 것이다. 다음은 그 시「그대에게 가는 길」이다.

오늘도 그대에게 가고 있네
세상의 무거운 보따리들을
하나 둘 내려놓고
떠난다는 인사도 없이
그대만을 향한 발걸음이네

세상의 비바람에
흔들리고 찢긴 상처를 싸감고
세상의 비바람에
남루한 옷도 벗어 버리고
새벽녘에 대문을 나서네

그대 외롭게 떠난 길을 따라
무섭고 깊은 계곡을 지나고
험한 산을 넘고 넘어
돌아오지 못할 강을 건너
그대를 향한 불타는 그리움으로
그대처럼 홀로 떠나는 길이네

세상의 험한 고갯길마다
　　흘렸던 눈물을
　　눈물로 닦고 닦으며
　　서녘하늘 노을빛따라
　　손짓하는 별빛따라
　　그대만을 향한 발걸음이네
　　이제는 그대곁이 멀잖아
　　오늘도 그대에게 가고 있네

　무슨 해설이 따로 필요하지 않은, 하늘로(그대에게) 돌아가고자 하는 그리스도인의 간절한 소망이 잔잔하고도 진지하게 피력되어 있는 사랑스러운 시편이라고 하겠다. 최규창 시의 천국지향적 특성이 표본적으로 드러나 있다고 할 수 있는, 이른바 크리스천 헤브라이즘의 정신이 충일한, 달리 말해 최규창의 「귀천歸天」 시라고 표현해서 좋을 시편이라고 생각한다.
　'세상의 무거운 보따리들을 / 하나 둘 내려놓고' 그대에게(주님께) 가고 있다고 하였다. '세상의 비바람에 / 흔들리고 찢긴 상처'를 애써 감싸안고, 또 세상의 비바람에 남루해진 옷도 벗어던져 버리고, 그대만을 향해 이른 시각에 집 대문을 나섰다고 하였다. '그대 외롭게 떠난 길을 따라' 그대처럼 홀로(외롭게) 떠나는 것은 '그대를 향한 불타는 그리움' 그 때문이라고 하였다. 아마도 천국이 멀지 않은 것 같다.
　최규창의 시는 그것의 자연친화적 특성, 자유분방한 특성, 천국지향적 특성 등이 어울려 독자들에게 천진난만한 시들로 다가오는 면이 있는 것으로 보인다. 그런데 그 어느 특성이든 간에 그것들이 기독교적인 헤브라이즘의 정신과 함께 어울림으로써 결과적으로 헬레니즘과 헤브라이즘의 변증법적 통일의 세계라는, 바람직한 시세계를 이루는 데 득의하지 않았나, 판단된다.

창조 시인선 5

다시 태어나기

초판 발행일 2024년 8월 26일

지은이	최규창
펴낸이	임만호
펴낸곳	창조문예사
등 록	제16-2770호(2002. 7. 23)
주 소	서울 강남구 선릉로112길 36(삼성동) 창조빌딩 3F(우 : 06097)
전 화	02) 544-3468~9
F A X	02) 511-3920
E-mail	holybooks@naver.com

책임편집	김종욱
디자인	이선애
제 작	임성암
관 리	양영주

ISBN 979-11-91797-51-0 03810
정 가 16,000원

※ 잘못된 책은 바꾸어 드립니다.